CURSO DE
ESPAÑOL
PARA EXTRANJEROS

CURSO DE ESPAÑOL PARA EXTRANJEROS
Intermedio II

Antonio Hernández Galán

EDITORIAL TRILLAS

México, Argentina, España,
Colombia, Puerto Rico, Venezuela

Catalogación en la fuente

Hernández Galán, Antonio
    Curso de español para extranjeros : intermedio II. --
México : Trillas, 2012 (reimp. 2016).
    185 p. : il. ; 27 cm.
    ISBN 978-607-17-0974-5

    1. Español - Estudio y enseñanza - Estudiantes
extranjeros. I. t.

D- 468'H769ci   LC- PC4111'H4.24   5502

División Administrativa,
Av. Río Churubusco 385,
Col. Gral. Pedro María Anaya,
C. P. 03340, México, Ciudad de México
Tel. 56884233, FAX 56041364
churubusco@trillas.mx

División Logística,
Calzada de la Viga 1132,
C. P. 09439, México, Ciudad de México
Tel. 56330995
FAX 56330870
laviga@trillas.mx

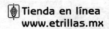 Tienda en línea
www.etrillas.mx

Miembro de la Cámara Nacional de
la Industria Editorial
Reg. núm. 158

Primera edición TR
ISBN 978-607-17-0974-5

Reimpresión, septiembre 2016

Impreso en México
Printed in Mexico

Índice de contenido

PARTE II
Cursos culturales y vocabulario temático

Introducción

La serie CURSO DE ESPAÑOL PARA EXTRANJEROS, que consta de seis libros: BÁSICO I y II, INTERMEDIO I y II y AVANZADO I y II, fue elaborada pensando en las necesidades de las personas que vienen a México con el propósito de adquirir o perfeccionar el "español como segunda lengua".

La inmersión en dicho idioma, además de la cultura, las artesanías, la idiosincrasia y las costumbres mexicanas, combinadas con la calidad del proceso enseñanza-aprendizaje, es la mejor manera de aprenderlo: oyéndolo, leyéndolo, hablándolo, viéndolo y pensando en él.

Todos los programas académicos, culturales y actividades de soporte están encaminados a lograr que los alumnos aprendan el español rápidamente de manera eficaz y divertida. ¡Este es nuestro objetivo!

Por tanto, el objetivo de los alumnos será entender nuestro idioma, poder expresarse, leerlo, escribirlo y, en algunos casos, obtener créditos académicos que enriquezcan su *curriculum vitae*. ¡Esto, en el menor tiempo posible!

Nuestro reto es amalgamar estos dos objetivos para garantizar que los alumnos, en un plazo de 24 semanas, se comuniquen con fluidez en el idioma español, y al mismo tiempo, adquieran una serie de conocimientos adicionales que les permitirán conocer y entender mejor nuestro país.

Cada nivel de la serie está planeado para impartirse en 100 horas durante cuatro semanas; en ellos, los alumnos encontrarán en forma esquemática y amena los temas necesarios para cumplir con los objetivos.

Los libros son eminentemente pedagógicos para enseñar a los alumnos, paulatinamente, desde los sonidos de nuestro idioma, hasta leer y comprender textos intrincados de literatura en español.

Dosificamos las ilustraciones de manera que en los niveles básicos aparezcan 75 % de ellas, en intermedios, 20 % y en avanzados, únicamente 5 %; lo contrario sucede con los textos de lectura en donde los porcentajes son: 2, 23 y 75, respectivamente.

En la Gramática, columna vertebral de cualquier idioma, la teoría se toca en forma esquemática, sencilla y breve, enfocándose a la parte de ejercicios prácticos con la fórmula de una página de teoría por tres de ejercicios.

Partiendo de la premisa que los estudiantes del primer nivel no tienen ningún conocimiento del español, iniciamos el curso con un Unidadítulo dedicado a la fonética. Esas páginas serán el primer contacto de los alumnos con nuestro idioma; deberán emitir los sonidos sin importar que no entiendan el significado –si es que lo tienen–, de las palabras que pronunciarán. A estos ejercicios se dedicarán las dos primeras horas de la semana inicial y, quizá, durante las siguientes semanas tendrán que regresar a ellas algunos estudiantes que no Unidadten las diferencias fonéticas con su idioma materno para corregir los defectos en la dicción.

En los seis libros se encuentran dos grandes secciones que deberán estudiarse desde el primer día de clases:

1. Teoría gramatical y sus ejercicios.
2. "Cursos culturales", conversación, que en el nivel de básicos llamamos "Español funcional".

En todos los niveles, la segunda sección tiene el doble objetivo de instruir al estudiante con nuevos conocimientos y dar tema de conversación, utilizando las palabras nuevas que se van presentando. Esta parte deberá ser dinámica, creativa y participativa; sugerimos impartirla en las últimas horas del día.

La importancia de la mezcla de ambas secciones varía en cada libro, por lo que las horas dedicadas a cada uno deberán ajustarse. Con base en la experiencia sugerimos la siguiente distribución:

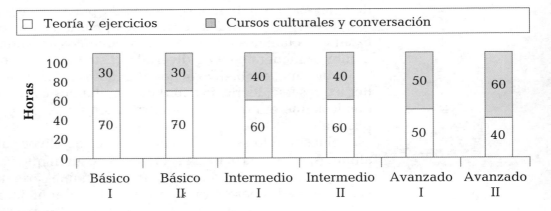

Estamos seguros de que la secuencia del temario es la apropiada para una rápida comprensión del idioma y percibir los avances desde la primera clase. Naturalmente, los libros son sólo una guía para que los maestros desarrollen todos sus conocimientos y experiencia en el proceso de enseñanza.

Para los alumnos, además de encontrar los conocimientos fundamentales y los ejercicios prácticos indispensables, de regreso a sus países de origen, podrán reafirmar lo aprendido y seguir en contacto con su nuevo idioma. Quizá algunos deseen llevar consigo libros de los siguientes niveles, para que en forma autodidacta, aumenten su acervo cultural.

En estos días, muchas personas no llevan mucho dinero en efectivo. Este hábito puede ser inconveniente cuando tienes que dividir una factura de restaurante o pagar a un amigo el dinero que debe. Por esta razón, hay aplicaciónes de pago digital. Descargaen y Configuraen la aplicación, Efectivo Cuadrado/Square Cash es fácil. Primero, encuentraen el botón de la tienda de apps en tu teléfono celular y empújalo! presiónalo presiónalo Cuando se abra la tienda de apps, busquen "Effectivo." Asegúrate Asegúrense de encontrar la app que es para pagar dinero. No descarguen el juego llamado "Efectivo". Descargaen la app. Luego, abre abran la aplicación. Ingresaen tu número de teléfono; luego esperaen para recibir un mensaje de texto. El mensaje de texto contendrá una clave/código. Ingresaen el código en la caja de la aplicación "Square Cash" y presionaenla palabra "siguiente". Se te solicitará por información vinculada a una cuenta bancaria. Usaen una tarjeta de débito; no usen una tarjeta de crédito. Ingresen tu número de tarjeta de débito, la fecha de vencimiento, y el código de seguridad de la parte posterior de la tarjeta. Luego, presionan la palabra "siguiente". Ingresan tu nombre y apellido. Eligean tu nombre especial que será tu identificación de Square Cash. Por favor, no inviten a tus amigos a usarse a Square Cash. Omitan este paso. Presionen "siguiente". Ahora, estás listo para usar Square Cash.

Nivel Intermedio II

Contenido

Parte I. *Gramática*

Unidad   1. Conoceré México
Unidad   2. Estaré estudiando en México
Unidad   3. ¿Quiénes estudiarán en México?
Unidad   4. Para mayo ya habré llegado a México
Unidad   5. Me gustaría estudiar español
Unidad   6. Steve estaría estudiando español
Unidad   7. ¿Quién gritaría anoche?
Unidad   8. Me habría divertido, pero no fui
Unidad   9. El que ríe al último, ríe mejor
Unidad 10. El español fue estudiado por Neil
Unidad 11. Estudia español y diviértete
Unidad 12. ¡Conozca la cultura mexicana!
Unidad 13. ¡Celebren su cumpleaños!
Unidad 14. ¡Cantemos y bailemos!
Unidad 15. ¡Que hablen más español!

Parte II. *Cursos culturales y vocabulario temático*

1. Herbolaria mexicana
2. Día de Muertos
3. Día de Navidad
4. Los olmecas
5. Teotihuacan
6. Los toltecas
7. Los mayas
8. Los mixteco-zapotecas
9. Los aztecas
10. Bibliografía de los cursos culturales
11. Expresiones idiomáticas

Objetivos generales:

- Durante las clases de Gramática, el estudiante aprenderá a expresar: sus acciones continuas o en proceso, planeadas o determinadas, venideras a otras con un tiempo definido o exacto; la posibilidad, suposición o duda en relación con un hecho presente; acciones futuras en relación con una acción pasada, peticiones, críticas corteses, deseos, condiciones para realizar otra acción; dar órdenes, mandatos, pedir, dar instrucciones y direcciones; peticiones, recomendaciones, súplicas y prohibiciones; invitar a las personas presentes para realizar una acción incluyéndose él mismo, en circunstancias donde la acción es más importante que el sujeto.
- En los cursos culturales podrá observar aquellas creencias, expresiones, costumbres y manifestaciones de nuestro pueblo. Incursionar en la historia de los primeros habitantes de lo que hoy es México, entender su cultura, su forma de vida, así como la importancia que tuvieron en su tiempo con el fin de poder entender nuestra forma de ser y nuestros valores, mezcla de las dos culturas.
- Con el vocabulario temático y las nuevas palabras de los cursos culturales enriquecerá sus posibilidades de expresión en la vida cotidiana.

I

Gramática

Conoceré México

Objetivo específico:

● *El estudiante aprenderá a expresar sus determinaciones o acciones planeadas.*

FUTURO SIMPLE   Expresa determinaciones, o acciones que se realizarán en un tiempo venidero inmediato o lejano.

a) Futuro simple de verbos regulares

Se forma con el infinitivo del verbo que vamos a conjugar más las terminaciones propias del futuro.

Sujeto	*Verbos regulares terminados en -ar, -er, -ir*	+	*Terminación del futuro*
Yo	Bail**ar**		-é
Tú			-ás
Él-ella-usted	Vend**er**	+	-á
Nosotros			-emos
Ellos-ellas-ustedes	Sent**ir**		-án

Algunas expresiones usadas con el futuro son:

- Hoy en la tarde, hoy en la noche.
- Mañana.
- Pasado mañana.
- La semana próxima (entrante).
- El mes entrante (próximo).
- El año que viene (próximo).
- Para Navidad, año nuevo, etcétera.
- Para el 10 de mayo, el 16 de septiembre, etcétera.
- Para diciembre, julio, etcétera.
- Esta tarde o noche.
- Dentro de un rato, una semana, 15 días, un mes, etcétera.

b) Futuro simple de algunos verbos irregulares

1. El infinitivo del verbo que vamos a conjugar pierde la última vocal, más las terminaciones propias del futuro.

Sujeto	Verbos irregulares que pierden la última vocal	+	Terminación del futuro
Yo	Poder ⟶ Po**dr**		-é
Tú	Caber ⟶ Ca**br**		-ás
Él-ella-usted	Haber ⟶ Ha**br**	+	-á
Nosotros	Saber ⟶ Sa**br**		-emos
Ellos-ellas-ustedes	Querer ⟶ Que**rr**		-án

2. El infinitivo del verbo que vamos a conjugar cambia la última vocal por una "d", más las terminaciones propias del futuro.

Sujeto	Verbos irregulares que cambian la última vocal por **d**	+	Terminación del futuro
Yo	Poner ⟶ Pon**dr**		-é
Tú	Salir ⟶ Sal**dr**		-ás
Él-ella-usted	Tener ⟶ Ten**dr**	+	-á
Nosotros	Valer ⟶ Val**dr**		-emos
Ellos-ellas-ustedes	Venir ⟶ Ven**dr**		-án

3. El infinitivo del verbo que vamos a conjugar pierde varias letras, más las terminaciones propias del futuro.

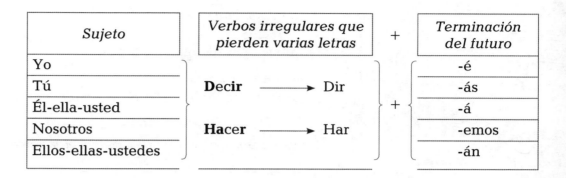

Sujeto	Verbos irregulares que pierden varias letras	+	Terminación del futuro
Yo			-é
Tú	Decir ⟶ Dir		-ás
Él-ella-usted		+	-á
Nosotros	Hacer ⟶ Har		-emos
Ellos-ellas-ustedes			-án

USOS DEL FUTURO SIMPLE

1. Indica un tiempo o fecha límite. Ejemplos:

El sábado iremos a Taxco.
El 20 de junio ellos regresarán a su país.

Ejercicios 1.1

A. Sustituye el sujeto de las siguientes oraciones:

Ejemplo: No faltaremos a las clases de español para mañana.

(los estudiantes)   *No faltarán a las clases de español para mañana.*
_____

1. Mañana ellos irán al cine.

(yo)   _____

2. Martha trabajará el verano próximo.

(tú)   _____

3. Ustedes estudiarán la Historia de México el año que viene.

(nosotros)   _____

4. David viajará a Oaxaca el próximo año.

(mis vecinos)   _____

5. Dentro de un mes aprenderé a tocar guitarra.

(ella)   _____

6. Los maestros y estudiantes celebrarán Navidad con una cena.

(ustedes)   _____

B. Cambia del presente al futuro simple:

Ejemplo: Usted ayuda a Steve con su tarea hoy en la tarde.

(futuro)   *Usted ayudará a Steve con su tarea en las tardes.*

1. (yo) me cambio de casa el próximo mes.

(futuro) _____

2. Nosotros nadamos en "Las Estacas" este fin de semana.

(futuro) _____

3. Elena le explica el futuro simple a José hoy en la mañana.

(futuro) _____

4. Yo lo espero en el cine a las 6 p. m.

(futuro) _____

5. Tú cocinas el pavo para la cena de Navidad.

(futuro) _____

6. Pablo y Jesús suben al "Tepozteco" el domingo.

(futuro) _____

C. Cambia el sujeto de singular a plural y viceversa.

Ejemplo: Mis amigos no vendrán a México este año.

Mi amigo no vendrá a México este año.

1. El maestro nos hará el examen el viernes.

_____

2. Los estudiantes dirán su composición en español mañana.

_____

3. Kathy y Neil sabrán los verbos irregulares para hoy.

_____

4. Nosotros podremos traducir la lección para el martes.

_____

5. Tú saldrás de viaje para diciembre.

_____

6. Yo tendré una fiesta para mi cumpleaños.

_____

2. Expresa acciones determinantes. Ejemplos:

Estudiaré español en Ideomex.
Cambiarás tus dólares por pesos mexicanos.

Ejercicios 1.2

A. Cambia el sujeto de las siguientes oraciones:

Ejemplo: (yo) te pagaré con cheque.

(el contador)   *te pagará con cheque.*

1. Teresa les hará la ropa a sus hijos.

(tú)

2. Yo saldré de vacaciones con mi familia.

(David)

3. Ellos vendrán a México el año entrante.

(nosotros)

4. Ustedes pondrán una tienda de juguetes.

(Eva y Lilia)

5. Nosotros sabremos el significado de las palabras.

(Marco)

6. Tú querrás participar en el concurso.

(ellos)

B. Forma oraciones en futuro simple con las siguientes palabras:

Ejemplo: tomar fotos/(yo)/del paisaje.

(Yo) tomaré fotos del paisaje.

1. traducir/el poema/el maestro.

2. saber/muchos verbos/en español/ustedes.

3. hacer la tarea/tú/en la computadora.

4. poder esquiar/nosotros/no/en México.

5. tener/ganas de comer/los niños/chocolates.

6. valer/la pena/sacar un video/de la celebración.

_____

C. Cambia las oraciones del presente perifrástico al futuro simple:

Ejemplo: (Yo) voy a guardar los libros.

(futuro simple)   _(Yo) guardaré los libros._

1. Los estudiantes van a conocer Teotihuacan.

(futuro simple)   _____

2. Tu familia va a venir a Cuernavaca.

(futuro simple)   _____

3. Todas las maletas no van a caber en el coche.

(futuro simple)   _____

4. Los padres van a premiar a sus hijos.

(futuro simple)   _____

5. Los automovilistas van a respetar al peatón.

(futuro simple)   _____

6. Mi mamá va hacer unas galletas de naranja.

(futuro simple)   _____

3. Se usa en invitaciones fomales, para anunciar eventos. Ejemplos:

La boda religiosa será el sábado 21 de mayo en la Catedral de Cuernavaca.
La conferencia sobre el "Calendario Azteca" será el 10 de abril, en el museo Cuauhnáhuac a las 4 p. m.

Ejercicios 1.3

A. Cambia las siguientes oraciones del futuro simple al presente perifrástico:

Ejemplo: El bautizo será el 15 de mayo en "El Sagrado Corazón".

(presente   _El bautizo va a ser el 15 de mayo en "El Sagrado Corazón"._

perifrástico)   _____

1. La premiación de los atletas será en el Estadio "Centenario" el 8 de agosto a las 10 a. m.

(presente

perifrástico)   _____

2. La inauguración de "Galerías Cuernavaca" será el 5 de noviembre a las 9 a. m.

(presente

perifrástico) _____

_____

3. La fiesta del 25o. aniversario de bodas de mis padres será el domingo 30 de septiembre a las 12 p. m.

(presente

perifrástico) _____

_____

4. La clausura de la "Feria Cuernavaca" será el 15 de abril a las 6 p. m.

(presente

perifrástico) _____

_____

5. El festival de "La Guelaguetza" será del 10 al 20 de julio en Oaxaca.

(presente

perifrástico) _____

_____

6. La graduación de los egresados de la Facultad de Medicina será el 20 de agosto a las 10 a. m. en el auditorio de la universidad.

(presente

perifrástico) _____

_____

B. Forma y completa oraciones con las palabras y los verbos que se indican:

Ejemplo:

| *presentar* | el escritor/nuevo libro… |

El escritor presentará su nuevo libro el viernes 30 de agosto a las 6 p. m.

1. | *exhibir* | La pintora/sus nuevos cuadros… |

_____

2. | *leer* | El presidente/su primer informe… |

_____

3. | *ser* | La premiación/para los deportistas… |

_____

4. | *inaugurar* | El gobernador/el museo "Muros"… |

_____

5. | *celebrar* | La Compañía Azteca/10o. aniversario… |

_____

6. | *clausurarse* | El seminario ecológico… |

_____

4. Para hacer predicciones o profecías. Ejemplos:

Se piensa que para el año 2020 habrá cura para el cáncer.
Se cree que para el siglo XXII el hombre podrá viajar a Marte.

Ejercicios 1.4

A. Forma oraciones con las siguientes palabras:

Ejemplo: Dentro de 10 años/funcionar/automóviles con electricidad.

Dentro de 10 años los automóviles funcionarán con electricidad.

1. ser/para el año 2030/el clima extremoso en muchos países.

   _____

2. se predice/la natalidad/disminuir/en 80 % dentro de 20 años.

   _____

3. desarrollarse/programas de educación y salud para los indígenas en México.

   _____

4. aumentar/presupuesto para programas de investigación/Brasil dentro de cinco años.

   _____

5. consumir/alimentos transgénicos/en el mundo/para el año 2015.

   _____

6. las futuras generaciones/hacer/viajes interplanetarios/para el siglo XXII.

   _____

B. Forma tus propias predicciones utilizando los verbos que se proporcionan:

Ejemplo:

| *haber* | EL SIDA… |

Se cree que para el año 2020 habrá una vacuna contra el SIDA.

1. | *hacer* | Los viajes espaciales… |

   _____

2. | *ser* | La salud… |

   _____

3. | *producir* | La contaminación… |

   _____

4. | *aumentar* | La mortalidad… |

   _____

5. | *disminuir* | La natalidad...

_____

6. | *desarrollar* | La tecnología...

_____

5. En prohibiciones o mandatos. Ejemplos:

¡Arreglarás tu cuarto ahora!
¡No verás las caricaturas por la noche!

Ejercicio 1.5. ¿Cuál será el mandato o consecuencia para las siguientes acciones?

Ejemplo:

Como Manuel no hizo la tarea   *No podrá ver la televisión.*

1. Como no terminaste la comida   _____

2. Como no entraron a la clase   _____

3. Como no obedeciste a tu mamá   _____

4. Como no cumplieron con sus obligaciones   _____

5. Como no pagó a tiempo   _____

6. Como no presentaste el examen   _____

6. Se usa para referirse a las condiciones meteorológicas de un lugar. Ejemplos:

Descenderá la temperatura por la noche.
El huracán provocará tormentas.

Ejercicios 1.6

A. Forma oraciones con las siguientes palabras.

Ejemplo: hacer/del país/calor/durante el día/en el centro.

Hará calor durante el día en el centro del país.

1. descender/hasta/la temperatura/10°C.

_____

2. estar/pronostican/el mediodía/que nublado/hasta.

_____

3. hacer/al sur/viento/de la ciudad/esta tarde.

_____

4. estar/por la tarde/el día/despejado.

_____

5. haber/la semana/días/próxima/lluviosos.

_____

6. formarse/estos días/fuertes/tornados en.

_____

B. Escribe lo que harán estas personas en las siguientes situaciones.

Ejemplo: Mi coche está descompuesto.

Lo llevaré a un taller mecánico.

1. El lunes tenemos examen de gramática.

_____

2. El tanque de gasolina del coche está vacío.

_____

3. Me duele mucho la garganta.

_____

4. Ellos no saben cuánto cuesta el boleto a Puebla.

_____

5. Kathy tiene mucho sueño.

_____

6. La computadora no funciona.

_____

C. Contesta las siguientes preguntas.

Ejemplo: ¿Cuándo reservarán ustedes el hotel?

Lo reservaremos mañana.

1. ¿En qué fecha saldrá la página web de la escuela?

_____

2. ¿Cuándo harán ellas las traducciones del libro?

_____

3. ¿Qué tendrá que mejorar Pablo en su nuevo trabajo?

_____

4. ¿Con quién pondrás el negocio del calzado?

_____

5. ¿Dónde y a qué hora será la conferencia de Historia?

_____

6. ¿Dónde y cuándo será la "Feria de Cuernavaca"?

_____

7. ¿Qué les ordenará el gerente a sus empleados?

_____

8. ¿Por qué te prohibirán fumar tus padres?

_____

9. ¿En cuáles ciudades lloverá durante el día?

_____

10. ¿Cuál será el pronóstico del clima para mañana?

_____

11. ¿Crees que para el año 2020 habrá una vacuna contra el SIDA?

_____

12. ¿Piensan ustedes que para el año 2030 se racionará el petróleo?

_____

D. Sustituye el sujeto:

Ejemplo: Mis amigos vendrán esta tarde.

Tú vendrás esta tarde.

(mi familia)

1. Nosotros saldremos de viaje mañana.

_____

(los estudiantes)

2. Yo tendré que memorizar los verbos.

_____

(ustedes)

3. David dirá el poema en español.

_____

(la ropa)

4. Todas las maletas cabrán en la cajuela.

_____

(mi novia)

5. Ustedes podrán bailar salsa en "Mambo Café".

_____

(nosotros)

6. Tú harás una fiesta en tu cumpleaños.

_____

E. Forma preguntas en futuro simple con las siguientes palabras.

Ejemplo: salir de viaje/ustedes/cuándo.

¿Cuándo saldrán ustedes de viaje?

1. hacer/una fiesta/en su cumpleaños/quién.

   _____

2. decir/en español David/qué.

   _____

3. tener que/los verbos/memorizar/quién.

   _____

4. caber/en la cajuela/qué.

   _____

5. poder/jugar/tenis/yo/dónde.

   _____

6. venir/mis amigos/a mi casa/cuándo.

   _____

F. Completa las oraciones con el verbo en futuro.

Ejemplo: Me acosté tarde anoche pero me *acostaré* temprano esta noche.

1. Tú no pudiste venir esta tarde pero el lunes sí _____ venir.
2. Hubo un terrremoto en la India ayer y _____ más en el futuro.
3. No salimos de la casa anoche pero mañana sí _____
4. Ana vio el primer episodio el jueves, pero el segundo lo _____ esta noche.
5. Yo no fui a Chile el año pasado pero el año que viene sí _____
6. Nadie vio la película ayer pero yo la _____ hoy.
7. Luis no escuchó mis consejos ayer pero los _____ más tarde.
8. Yo no dije nada en la clase ayer. Hoy _____ el poema en español.
9. Ellos leyeron poco en el coche pero _____ más en el hotel.
10. Yo jugué muy mal al tenis anoche pero _____ mejor hoy.

2

Estaré estudiando en México

Objetivo específico:

- *El alumno expresará acciones continuas o en proceso, realizadas en un tiempo concreto.*

FUTURO PROGRESIVO

Es un tiempo que expresa una acción en proceso en el futuro, es decir, la acción está sucediendo en el momento que hablamos.

Se usa para expresar acciones continuas realizadas en un tiempo preciso.

Este tiempo se forma con el futuro simple del verbo auxiliar **estar** más el gerundio del verbo principal.

Sujeto	*Verbos **estar** en futuro simple*	+	*Gerundio de verbos regulares con terminaciones* **-ar -er -ir**	
Yo	estaré		**ar**	**ando**
Tú	estarás		convers**ar** ⟶	convers**ando**
Él-ella-usted	estará	+	**er**	**iendo**
Nosotros	estaremos		comprend**er** ⟶	comprend**iendo**
Ellos-ellas-ustedes	estarán		**ir**	**iendo**
			sufr**ir** ⟶	sufr**iendo**

a) Gerundios irregulares

Cambian	e por i		Cambian	i por y		Cambian	o por u
Decir	Diciendo		Caer	Cayendo		Dormir	Durmiendo
Corregir	Corrigiendo		Caerse	Cayéndose		Dormirse	Durmiéndose
Divertir	Divirtiendo		Creer	Creyendo		Morir	Muriendo
Divertirse	Divirtiéndose		Destruir	Destruyendo		Morirse	Muriéndose
Mentir	Mintiendo		Influir	Influyendo		Poder	Pudiendo
Pedir	Pidiendo		Leer	Leyendo			
Preferir	Prefiriendo		Oír	Oyendo			
Reír	Riendo		Traer	Trayendo			
Reírse	Riéndose						
Repetir	Repitiendo						
Seguir	Siguiendo						
Sentir	Sintiendo						
Sentirse	Sintiéndose						
Vestir	Vistiendo						
Vestirse	Vistiéndose						

Ejercicio 2.1. Sustituye el sujeto de las siguientes oraciones.

Ejemplo:

| ustedes | Para el año próximo estaremos viviendo en Puebla. |

Ustedes estarán viviendo en Puebla.

1. | tú | Para dentro de dos años yo estaré terminando la universidad.

2. | los aviones | Para las 10 p. m. el avión estará aterrizando.

3. | nosotros | Para agosto los estudiantes estarán estudiando el subjuntivo.

4. | ella | Para el año que viene yo estaré conociendo Argentina.

5. | usted | Para dentro de tres horas estaremos viajando a Oaxaca.

6. | yo | Para el año 2012 tú estarás viviendo en Montreal.

b) **Posición de los pronombres directos**

Ejemplos:

Sujeto	+	*estar*	+	Gerundio	+	Objeto directo
(Yo)		estaré		diciendo		*las respuestas.*

Sujeto	+	*estar*	+	Gerundio	+	Pronombre directo
(Yo)		estaré				*diciéndolas.*

Ejercicios 2.2

A. Sustituye el objeto directo por el pronombre correspondiente:

Ejemplo: (en este momento…) Emiliano estará comprando un ramo de rosas.

Emiliano estará comprándolo.

1. Tú estarás vistiendo a los niños.

2. Los estudiantes estarán leyendo *Macario*.

3. La maestra estará corrigiendo los exámenes.

4. Yo estaré oyendo *Las Mañanitas*.

5. Mónica y Sara estarán repitiendo los pronombres directos.

6. Nosotros le estaremos pidiendo la cuenta al mesero.

B. Con las siguientes palabras forma oraciones en futuro.

Ejemplo: (En este momento…) divertirse en/mis amigos/AUnidadulco.

Mis amigos se estarán divirtiendo en AUnidadulco.

1. sentirse/la altitud/ustedes/por/mal.

2. reírse/yo/de tus bromas.

3. dormirse/de la comidad/Gabriel/después.

_____

4. vestirse/para/tú/ir/al concierto.

_____

5. divertirse/de diversiones/los niños/en el parque.

_____

6. morirse/contaminación/la/muchos peces/por.

_____

C. Escribe las mismas oraciones con el pronombre reflexivo unido al gerundio.

Ejemplo: *Mis amigos estarán divirtiéndose en AUnidadulco.*

1. _____
2. _____
3. _____
4. _____
5. _____
6. _____

¿Quiénes estudiarán en México?

- *El alumno aprenderá a expresar posibilidad, suposición o duda en relación con una acción presente.*

FUTURO SIMPLE DE LA PROBABILIDAD

Expresa una conjetura, una suposición, una posibilidad o duda en relación con una acción o situación que sucede en el presente.

a) Preguntas de probabilidad

1.	En presente:	¿Qué hace Pilar?

2.	En presente progresivo:	¿Qué está haciendo Pilar?

3.	En futuro simple:	¿Qué hará Pilar?

4.	En futuro progresivo:	¿Qué estará haciendo Pilar?

b) Respuestas de probabilidad

1.	Debe(n)	+	de	+	infinitivo:	Debe de revisar sus correos electrónicos

2.	Ha(n)	+	de	+	infinitivo:	Ha de estar leyendo la información.

3.	Futuro simple:	Les escribirá a los estudiantes.

4.	Futuro progresivo:	Estará tomando el sol.

Ejercicios 3.1

A. Contesta las siguientes preguntas. Usa las cuatro respuestas de probabilidad:

Ejemplo: ¿Quién estará tocando la puerta?

1	*Debe de ser Alicia.*
2	*Han de ser unos estudiantes.*
3	*Serán los maestros.*
4	*Estará tocando Alison.*

¿Por qué habrá tanta gente en esa tienda?

1	
2	
3	
4	

¿Cuánto cuesta una casa en Cuernavaca?

1	
2	
3	
4	

¿Dónde estarán trabajando David y Pablo?

1	
2	
3	
4	

¿Qué están estudiando ellas?

1 _____

2 _____

3 _____

4 _____

B. Carmen es la nueva jefa de una oficina y la secretaria tiene que enseñarle cómo funciona. Forma preguntas y respuestas probables en futuro con las siguientes palabras:

Ejemplo: Tener/la llave/principal/la señorita Pérez/de la puerta.

(pregunta)   *¿Quién tendrá la llave de la puerta principal?*

(respuesta)   No estoy segura, *la tendrá la señorita Pérez.*

1. ser/mi secretaria/Elena.

(pregunta)   _____

(respuesta)   Probablemente, _____

2. Llevar/la contabilidad/Marco y Saúl.

(pregunta)   _____

(respuesta)   Tal vez, _____

3. preparar/los/contratos/abogados/los.

(pregunta)   _____

(respuesta)   Quizá, _____

4. recibir/a los/recepcionista/clientes/la.

(pregunta)   _____

(respuesta)   No sé, _____

5. responsabilizarse/del/señorita/archivo/la/Araceli.

(pregunta)   _____

(respuesta)   Probablemente, _____

6. hacer/la/Juana/limpieza/la señora.

(pregunta)   _____

(respuesta)   Tal vez, _____

7. regar/las plantas/el/Paco/señor.

(pregunta)   _____

(respuesta)   Quizá, _____

8. preparar/el/secretaria/café/la.

(pregunta) _____

(respuesta) No sé, _____

c) Respuestas seguras

Si la persona que responde tiene la información real o verdadera, tendrá que hacerlo usando el presente simple o el presente progresivo. Ejemplos:

¿Qué está haciendo Pilar?	Está mandando un fax a China.
¿Qué hacen los estudiantes?	Contestan el examen.
¿Qué hará Neil?	Escribe las oraciones.

Ejercicios 3.2

A. Contesta las siguientes preguntas usando el presente simple:

Ejemplo: ¿De dónde serán los vecinos?

Son de Mérida.

1. ¿Por qué estará llorando el niño?

_____

2. ¿Cómo se llamará el abogado de Kathy?

_____

3. ¿Dónde vivirán Neil y Sara?

_____

4. ¿Qué estarán haciendo esos muchachos?

_____

5. ¿Cuántos años tendrá Steve?

_____

6. ¿Cuántas personas invitaste a tu cumpleaños?

_____

B. Escoge a una persona famosa y trata de imaginar, ¿cómo será? Para ello, usa las siguientes sugerencias y tu imaginación.

Sugerencias:

Ser	simpático, rico, inteligente, una persona difícil, sociable
Tener	una casa hermosa, una familia grande, interés en las personas
Conocer	personas importantes, personas que trabajan en…
Trabajar	poco, mucho, en todo el mundo, como voluntario
Saber	sobre política, literatura, teatro, ópera…
Estar	casado, interesado en, divorciado

Ejemplo:

Plácido Domingo está casado, es rico, tiene una casa hermosa, una familia grande, conoce a

gente importante, trabaja mucho y sabe mucho de ópera, porque es un cantante famoso.

Ahora, describe a la persona famosa de la que quieres hablar:

_____

_____

_____

_____

_____

Nota del diario "La Nación":

Circuito cerrado descubre al ratero

La señora De Martínez, acaudalada dama de nuestra sociedad, descubrió al ratero que se llevó de su casa una fabulosa gargantilla de brillantes y perlas, gracias a que tenía instalado un circuito cerrado en su recámara.

Las cámaras mostraron a todas las personas que habían entrado y salido de su recámara ese día y, al revisar la videograbación, se descubrió al culpable.

En la policía quisieron grabar lo sucedido y enviaron al laboratorio la película para imprimirla y, cuando la señora De Martínez recibió las fotos que le enviaron del laboratorio, vio que las habían desordenado.

Seguramente alguien había cambiado la secuencia porque sabía que la dueña de la gargantilla podía utilizar las fotografías para atrapar al ladrón.

Se habían dado cuenta del robo la noche anterior. La señora De Martínez había mandado a su criada a su recámara a traerle la valiosa gargantilla de brillantes y perlas. La criada le informó que la joya no estaba en su alhajero.

¡Qué magnífica decisión de la señora De Martínez de instalar un circuito cerrado en su recámara y de esconder la mirilla entre las cortinas!

Al colocar las fotografías sobre el escritorio, la señora De Martínez se llevó una gran impresión al darse cuenta de que muchas personas habían entrado a su recámara aquel día; el mayordomo, la criada, la cocinera, la enfermera y Mario, su sobrino.

¿Quién será el ratero?

C

A

B

E

F

D

Práctica oral:

Escoge una de las fotografías, obsérvala y haz las suposiciones correspondientes.

Fotografía *A*:

- ¿Quién será la muchacha?
- ¿Por qué estará abierto el alhajero?
- ¿Qué habrá sobre la cama?

Fotografía *B*:

- ¿Por qué sale corriendo la enfermera?
- ¿Por qué ya no está la cafetera sobre la mesa?
- ¿Por qué no está la manta?

Fotografía *C*:

- ¿Quién será ese muchacho?
- ¿Por qué entró a la recámara?
- ¿Qué estará buscando?

Fotografía *D*:

- ¿Quién será esa señora?
- ¿Habrá enfermos en la casa?
- ¿Por qué habrá unas flores en el piso?

Fotografía *E*:

- ¿Será él, el señor Martínez?
- ¿Por qué saldrá de la recámara?
- ¿Traerá algo escondido en la mano?

Fotografía *F*:

- ¿Será ella, la señora Martínez?
- ¿Qué habrá en el alhajero?

Para mayo ya habré llegado a México

Objetivo específico:

- *El estudiante expresará acciones venideras, pero anteriores a otra acción, con un tiempo definido o exacto en el futuro.*

FUTURO PERFECTO

Describe un evento futuro que tendrá lugar antes que otro en un tiempo, hora y fecha exactos.

El futuro perfecto se forma con el futuro del verbo "haber" y el participio pasado del verbo principal.

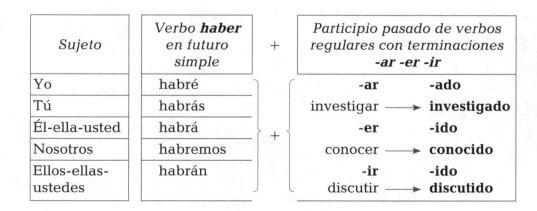

Sujeto	Verbo **haber** en futuro simple	+	Participio pasado de verbos regulares con terminaciones **-ar -er -ir**
Yo	habré		**-ar** → **-ado** investigar → **investigado**
Tú	habrás		
Él-ella-usted	habrá	+	**-er** → **-ido** conocer → **conocido**
Nosotros	habremos		
Ellos-ellas-ustedes	habrán		**-ir** → **-ido** discutir → **discutido**

Ejemplos: *Para el viernes ya habremos estudiado el futuro simple.*
Para Navidad ya habrán comido muchos "antojitos" mexicanos.
Para julio ya habrán venido los nuevos estudiantes.

a) Participios irregulares

Terminación en *-to*	
Abrir	Abierto
Componer	Compuesto
Escribir	Escrito
Morir	Muerto
Poner	Puesto
Romper	Roto
Ver	Visto
Volver	Vuelto

Terminación en *-cho*	
Decir	Dicho
Hacer	Hecho

Terminación en *-so*	
Imprimir	Impreso

Ejemplos: *Para mañana todavía no habré escrito la composición.*
Para hoy en la noche habrán hecho la tarea.
Para el mes que viene habrá impreso su libro.

Ejercicios 4.1

A. Sustituye el sujeto de las siguientes oraciones.

Ejemplo:

ustedes	Para el domingo ya habré visto el Episodio III.
	Para el domingo ustedes ya habrán visto el Episodio III.

1. | los estudiantes | Tú habrás dicho los verbos en español.

2. | soldados | Para el año 2012 ya habrá muerto mucha gente en la guerra.

3. | ellos | Para el mediodía el mecánico ya habrá compuesto el coche.

4. | Érica | Para junio todavía no habrás vuelto de Ixtapa.

5. | tú | Para las 7 p. m. los niños ya habrán hecho la tarea.

6. | él | Antes del año 2020 los científicos ya habrán descubierto nuevas vacunas.

B. Con las siguientes palabras forma oraciones en futuro perfecto.

Ejemplo: ya nacer/para/el bebé/diciembre/de Adriana.

Para diciembre ya habrá nacido el bebé de Adriana.

1. comenzar/todos/de las diez/a bailar/antes.

2. volver/de la madrugada/a casa/yo/tres.

3. abrir/el gerente/antes/las tiendas/del mediodía.

4. haber/"Episodio III"/el sábado/la película/tú/visto.

5. imprimir/el miércoles/el libro/antes/la editorial.

6. hacer/semana/dibujos/nosotros/la próxima.

C. Llena los espacios con el verbo indicado en futuro perfecto.

Ejemplo:

Para abril yo todavía no   *habré regresado*   de México.
(regresar)

1. Para agosto tú ya _____ el proyecto.
(terminar)

2. Para esa hora, la secretaria ya _____ las reservaciones.
(hacer)

3. Para mañana, nosotros _____ si vamos al paseo.
(decidir)

4. Para el sábado David _____ su casa.
(vender)

5. Para el 10 de junio, los empleados ya _____ el contrato.
(firmar)

6. Para Navidad usted ya _____ la boutique.
(abrir)

FUTURO PERFECTO DE PROBABILIDAD

Sugiere una probabilidad o conjetura con referencia a un evento pasado.

También puede comunicar la idea de "me pregunto".

a) Preguntas de probabilidad

| 1 y 2 | En pretérito: | ¿A qué hora llegó Javier? |

| 3 | En futuro perfecto: | ¿A qué hora habrá llegado Javier? |

b) Respuestas de probabilidad

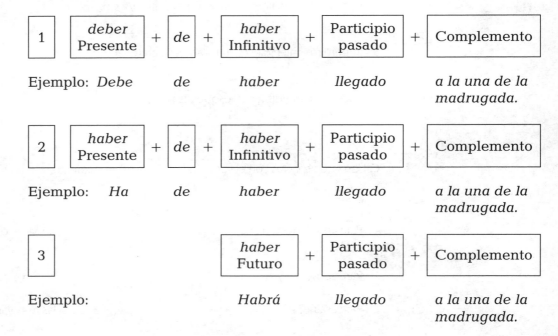

| 1 | *deber* Presente | + | *de* | + | *haber* Infinitivo | + | Participio pasado | + | Complemento |

Ejemplo: *Debe   de   haber   llegado   a la una de la madrugada.*

| 2 | *haber* Presente | + | *de* | + | *haber* Infinitivo | + | Participio pasado | + | Complemento |

Ejemplo: *Ha   de   haber   llegado   a la una de la madrugada.*

| 3 | | | | | *haber* Futuro | + | Participio pasado | + | Complemento |

Ejemplo: *Habrá   llegado   a la una de la madrugada.*

Ejercicios 4.2

A. Contesta las siguientes preguntas usando las tres respuestas de probabilidad:

Ejemplo: ¿Quién habrá visto la inauguración de los Juegos Olímpicos?

| 1 | *Debe de haberla visto todo el mundo.* |

| 2 | *Han de haberla visto los maestros.* |

| 3 | *La habrán visto los estudiantes.* |

I. ¿Qué habrán comprado ellas en su viaje por Europa?

1 _____

2 _____

3 _____

II. ¿Quién habrá roto la ventana?

1 _____

2 _____

3 _____

III. ¿A qué hora habrá abierto el banco?

1 _____

2 _____

3 _____

IV. ¿Quién habrá compuesto el coche?

1 _____

2 _____

3 _____

V. ¿Cuándo habrán hecho Juan y Marta su fiesta de aniversario?

1 _____

2 _____

3 _____

VI. ¿Por qué habrán puesto ese espectacular obsceno en el centro?

1 _____

2 _____

3 _____

B. Forma preguntas y respuestas de probabilidad, con las siguientes palabras.

Ejemplos: ¿por qué/enfermarse/Alison?

¿Por qué se habrá enfermado Alison?

porque/comerse/unos/la calle/tacos/en.

Porque se habrá comido unos tacos en la calle.

1. ¿cómo/aprender/sobre/Miguel/tanto/historia?

   estudiarla/universidad/en.

2. ¿dónde/Sonia/ese coche/comprar?

   comprarlo/Puebla/en.

3. ¿Cuándo/sus/divorciarse/hermanos?

   divorciarse/pasado/el año.

4. ¿a dónde/Lorena y/comprar/Pedro?

   Irse/Río de Janeiro/a vivir a.

5. ¿Por qué/ese lugar/trabajar Pablo/en?

   Porque/un/ganar/buen sueldo.

6. ¿Por qué/millonario/llegar/Gabriel/a ser?

   Porque/la lotería/sacarse.

C. Contesta las siguientes preguntas en futuro de probabilidad.

Ejemplo: ¿En qué año el hombre llegó a la Luna?

Ha de haber llegado en 1969.

1. ¿En qué año se descubrió la vacuna de la hepatitis C?

2. ¿En qué año se habrán construido las pirámides de Egipto?

3. ¿En qué fecha derrumbaron El Muro de Berlín?

4. ¿En qué año se habrá construido la Gran Muralla China?

5. ¿Cuándo fue la Primera Guerra Mundial?

6. ¿Cuál fue el primer presidente de tu país?

D. Forma oraciones en futuro perfecto de probabilidad, con las siguientes palabras. Usa pronombre indirectos.

Ejemplo: explicar/la/estudiantes/el/maestra/a los/pretérito.

La maestra les habrá explicado el pretérito a los estudiantes.

1. cambiar/los/secretaria/la/dólares/a ti.

2. decir/la/Mónica/dirección.

3. mandar un/a mí/regalo/ustedes.

4. escribir una/Pilar/carta/Ruskin/a.

5. hacer una/su/fiesta/familia/a ellas.

6. poner/al/frenos/el/niño/dentista.

E. Observa los dibujos y formula dos preguntas para cada uno (en pretérito y futuro perfecto) y contéstalas en las tres formas que aprendiste.

Preguntas	Dibujo **A**

1. _____
2. _____

Respuestas	Dibujo **A**

1. _____
2. _____
3. _____

Preguntas	Dibujo **B**

1. _____
2. _____

Respuestas	Dibujo **B**

1. _____
2. _____
3. _____

Preguntas	Dibujo **C**

1. _____
2. _____

Respuestas	Dibujo **C**

1. _____
2. _____
3. _____

Preguntas | Dibujo **D**

1. _____

2. _____

Respuestas | Dibujo **D**

1. _____

2. _____

3. _____

5

Me gustaría estudiar español

Objetivo específico:

- *El estudiante aprenderá a expresar acciones futuras en relación con una acción pasada, peticiones, críticas corteses, deseos. Condición para realizar otra acción.*

EL CONDICIONAL SIMPLE

Es un tiempo que expresa una acción futura en relación con otra acción pasada.

Ejemplo: *Aurora dijo que traería la guitarra.*

a) Conjugación de verbos regulares en condicional simple

Se forma con el verbo en infinitivo más las terminaciones propias del condicional:

Sujeto	Verbo en infinitivo *-ar, -er, -ir*	Terminaciones del condicional
Yo	Viajar	-ía
Tú		-ías
Él-ella-usted	Conocer	-ía
Nosotros(as)		-íamos
Ellos-ellas-ustedes	Sentir	-ían

b) Conjugación de verbos irregulares en condicional simple

Infinitivo	Raíz	Sujeto	Raíz + terminación = condicional simple	
Poder	Podr	Yo	-ía	Podría
Poner	Pondr			Pondría
Salir	Saldr	Tú	-ías	Saldrías
Tener	Tendr			Tendrías
Valer	Valdr	Él	-ía	Valdría
Venir	Vendr	Ella		Vendría
Caber	Cabr	Usted		Cabría
Haber	Habr	Nosotros(as)	-íamos	Habríamos
Saber	Sabr			Sabríamos
Querer	Querr	Ellos		Querríamos
Decir	Dir	Ellas	-ían	Dirían
Hacer	Har	Ustedes		Harían

USOS DEL CONDICIONAL SIMPLE

a) Expresa una acción posterior o futura en relación con una acción pasada

Con verbos de información en pretérito.

Ejemplo: *Yo no pensé que nos conoceríamos tan pronto.*
Alicia te preguntó si irías a Taxco.

Ejercicios 5.1

A. Sustituye el sujeto de las siguientes oraciones:

Ejemplo: Tú creíste que ellos empezarían mañana.

| la secretaria | *Tú creíste que la secretaria empezaría mañana.* |

Mis amigos pensaron que Kathy traduciría la carta.

1. | ustedes | _____

Nosotros les aseguramos que conseguiríamos boletos.

2. | David | _____

Tú nos informaste que harías las reservaciones del hotel.

3. | nosotros | _____

Ustedes no me avisaron que regresarían hasta el domingo.

4. | yo | _____

José no te preguntó si entregaría su ensayo mañana.

5. | los estudiantes | _____

Yo no supe que pagaría la cuenta en efectivo.

6. | tú | _____

B. Forma oraciones en condicional simple, con las siguientes palabras.

Ejemplo: prometer/la verdad/decir/Silvia.

Silvia prometió que diría la verdad.

1. ellos/preguntar/si/haber/a Pilar/excursión/el sábado.

   _____

2. yo/leer/subir/los impuestos/el próximo año.

   _____

3. nosotros/ir/al Museo de Antropología/el martes/pensar.

   _____

4. Tú/asegurar/a mí/hacer/la reservación/en Aeroméxico.

   _____

5. Laura/darse cuenta/con un mexicano/Ana/salir.

   _____

6. Amalia y/su mascota/Carlos/morirse/creer.

   _____

b) Expresa una condición para realizar otra acción

Ejemplo: *Pagaría ahora mismo, pero no tengo dinero.*

Ejercicios 5.2

A. Cambia de singular a plural y viceversa:

Ejemplo: Yo iría de viaje pero no tengo dinero.

Iríamos de viaje pero no tenemos dinero.

1. Yo te diría todo en español pero no lo hablo bien.

   _____

2. Alicia compraría la pintura pero no aceptan cheques.

   _____

3. Nosotros haríamos la cena pero nos faltan ingredientes.

_____

4. Usted comería más pastel pero está a dieta.

_____

5. Los niños irían a nadar pero tienen tos.

_____

6. David te ayudaría pero no tiene tiempo.

_____

B. Completa las siguientes oraciones. Escribe cuál sería la causa:

Ejemplo: Claudia viajaría en verano pero   _no quiere ir sola._

1. Mirna se compraría otro par de zapatos pero _____

2. Ellos se cambiarían de trabajo pero _____

3. Yo subiría al "Tepozteco" pero _____

4. Tú dejarías de fumar pero _____

5. Nosotros nos haríamos un tatuaje pero _____

6. Mi familia vendría a México pero _____

_c_) Expresa una petición cortés

Con los verbos "poder", "tener" o "ser" en condicional simple y un verbo en infinitivo:

Ejemplo: _¿Podrías cambiarme este cheque por favor?_
¿Tendría la bondad de cerrar la ventana?
¿Sería usted tan amable de apagar su cigarro?

Ejercicios 5.3

A. Cambie las siguientes oraciones al condicional simple:

Ejemplo: ¿Puedes prestarme tu coche esta tarde?

¿Podrías prestarme tu coche esta tarde?

1. ¿Eres tan amable de apagar la luz?

_____

2. ¿Puede usted mostrarme algunas camisas?

_____

3. ¿Es tan amable de decirme dónde está el mercado?

_____

4. ¿Puede alguien llevarme a mi casa?

_____

5. ¿Puede enseñarme los zapatos rojos que están en el aparador?

_____

6. ¿Tiene usted la amabilidad de cerrar la puerta?

_____

B. Sustituye el sujeto de las siguientes oraciones.

Ejemplo: ¿Sería usted tan amable de explicarme esta dirección?

ustedes	_¿Serían ustedes tan amables de explicarme esta dirección?_
tú	_¿Serías tan amable de explicarme esta dirección?_

¿Podría mostrarme la blusa en talla mediana?

Claudia	_____
señorita	_____

¿Señor podría decirme dónde está el Palacio de Cortés?

señora	_____
tú	_____

¿Serías tan amable de bajarle el volumen a la televisión?

ustedes	_____
joven	_____

C. Forme preguntas corteses, en condicional simple, con las siguientes palabras.

Ejemplo: pasarme/las tortillas/usted.

¿Podría pasarme las tortillas?

1. mostrarme/esos zapatos/señorita.

_____

2. cambiarme/señora/cheques de viajero.

_____

3. ser tan amable de/al centro/llevarme/usted.

_____

4. tener la amabilidad de/el teléfono/prestarme/tú.

_____

5. tener la bondad de/ustedes/callarse.

_____

6. explicarme/el manual/de la videocámara/usted.

_____

d) Expresa una opinión o crítica cortés

Ejemplo: *Yo no me haría un tatuaje.*

Ejercicios 5.4

A. Di lo que harías o no harías, en ciertas circunstancias.

Ejemplo: Pedro roba un banco.

Yo no robaría un banco.
_____

1. Mi tío invierte su dinero en la "Caja de Ahorros".

_____

2. Aída sale con muchachos de dudosa reputación.

_____

3. Mis amigos van a lugares peligrosos.

_____

4. Jaime pone los pies en la mesa.

_____

5. Tú te quejas de cualquier cosa.

_____

6. Ellas aceptan cualquier invitación.

_____

7. Ustedes trabajan por un salario muy bajo.

_____

8. Nosotros llevamos mucho dinero en efectivo.

_____

B. Cambia las siguientes oraciones al condicional simple para expresar una crítica personal.

Ejemplo: Jaime dice muchas groserías.

Yo no diría muchas groserías.
_____

1. Ellos ven páginas pornográficas por Internet.

_____

2. Mis amigas toman anfetaminas para adelgazar.

   _____

3. Sara y Susana hacen bromas pesadas.

   _____

4. Gisela hace tres horas de ejercicio.

   _____

5. Daniel se desvela escribiendo en la computadora.

   _____

6. Mi vecino le pide prestado a todo el mundo.

   _____

e) **Expresa una sugerencia o consejo**

Deber en condicional simple + un verbo en infinitivo

Ejemplo: *Deberías dejar de fumar.*

Ejercicios 5.5

A. ¿Qué consejo darías en las siguientes circunstancias?

Ejemplo: Roberto no respeta las señales de tránsito.

Roberto debería respetar las señales de tránsito.

1. No hablamos de estos temas enfrente de los niños.

   _____

2. Tú gastas mucho dinero.

   _____

3. Algunas fábricas tiran los desechos industriales al mar.

   _____

4. Se cazan muchas ballenas, están en peligro de extinción.

   _____

5. Ustedes están engordando mucho.

   _____

6. Martín falta a veces a clases.

   _____

B. En una escuela hay un nuevo director y va a hacerles algunas sugerencias a los empleados. Forma oraciones con las siguientes palabras.

Ejemplo: Isabel/hacer/los exámenes mensuales.

Isabel debería hacer los exámenes mensuales.

1. la secretaria/organizar/el archivo.

_____

2. los maestros/hacer/los programas de estudio.

_____

3. Sebastián/incribir/a nuevos estudiantes.

_____

4. Olivia/contratar/a los nuevos maestros.

_____

5. el director técnico/llevar documentación/a la SEP.

_____

6. Teresa/organizar/la Asociación de Padres de Familia.

_____

f) **Expresa un deseo futuro**

Gustar + un verbo en infinitivo

Ejemplo: *Me gustaría ir al teatro este fin de semana.*
Nos encantaría conocer las pirámides de Egipto.

También se pueden usar los verbos *encantar, interesar, preferir* y *querer.*

Ejercicios 5.6

A. Cambia el objeto indirecto de las siguientes oraciones.

Ejemplo: A mí me gustaría comer salmón ahumado.

(a ti)   *te gustaría comer salmón ahumado.* _____

1. A los estudiantes les gustaría conocer Cancún.

(a nosotros) _____

2. A Verónica le encantaría viajar a Grecia.

(a Pablo) _____

3. A ti te interesaría estudiar otros idiomas.

(a mí) _____

4. A ustedes les gustaría probar algunos platillos mexicanos.

(a usted) _____

5. A Esperanza le encantaría ser azafata.

(a ella) _____

6. A nosotros nos gustaría esquiar en Vail, Colorado.

(a ti) _____

B. Completa las siguientes oraciones.

    Ejemplo: viajar/comprar

    A mí me gustaría   *viajar a China y comprarme una blusa de seda.*

                        leer/escribir

1. A Sofía le interesaría _____

                        comer/aprender

2. A nosotros nos gustaría _____

                        hablar/discutir

3. A ustedes les gustaría _____

                        dormir/descansar

4. A ti te encantaría _____

                        viajar/conocer

5. A mi familia le interesaría _____

                        bailar/cantar

6. A los maestros les gustaría _____

C. Forma oraciones con las siguientes palabras, describe preferencias o gustos.

    Ejemplo: Ir al cine o al teatro.

    Mis padres preferirían ir al cine, pero yo preferiría ir al teatro.

1. Comer pescado o carne.

_____

2. Pasar la noche en casa o en una fiesta.

_____

3. Estudiar psicología o matemáticas.

_____

4. Nadar o esquiar.

_____

5. Tomar tequila o cervezas.

   _____

6. Jugar ajedrez o baraja.

   _____

D. Los maestros están organizando una fiesta. Contesta las siguientes preguntas usando condicional simple.

   Ejemplo: ¿Qué traerá Miguel?   _(una botella de vino)_

   Miguel dijo que traería una botella de vino _____

1. ¿Quién llevará los discos?   _(yo)_

   _____

2. ¿Qué hará Mario?   _(un pastel de chocolate)_

   _____

3. ¿Con quién vendrá Kathy?   _(con un primo suyo)_

   _____

4. ¿Quién traerá la comida?   _(Isabel y Lorena)_

   _____

5. ¿Qué pondrán de adornos los maestros?   _(globos y serpentinas)_

   _____

E. Contesta las siguientes preguntas con el condicional simple.

   Ejemplo: ¿Qué pensaron tus padres de tu viaje a México?

   Pensaron que sería buena idea. _____

1. ¿Qué informaron en las noticias?

   _____

2. ¿Qué le preguntaste a la secretaria?

   _____

3. ¿Cuánto pagarías de renta por esta casa?

   _____

4. ¿Le prestarías tu coche a Josefina?

   _____

5. ¿Qué harías si ganas la lotería?

   _____

6. ¿Qué harías si viajas a Guatemala?

   _____

7. ¿Irían ustedes a un cementerio de noche?

   _____

8. ¿Viajaría tu familia con dinero en efectivo?

   _____

9. ¿Se harían ustedes una perforación en la nariz?

   _____

10. ¿Comerías tacos en la calle?

    _____

11. ¿Podrías prestarme tus libros en español?

    _____

12. ¿Podrían escribir ustedes la composición en español?

    _____

13. ¿Crees que debería dejar de fumar yo?

    _____

14. ¿Cree usted que debería hacerme estos análisis?

    _____

6

Steve estaría estudiando español

Objetivo específico:

- El estudiante aprenderá a expresar acciones continuas futuras en relación con una acción pasada.

EL CONDICIONAL PROGRESIVO

Expresa una acción continua en movimiento, en el futuro, en relación con una acción pasada en un tiempo definido.

Ejemplo: *Steve dijo que estaría estudiando toda la tarde.*

a) Gerundios regulares

Ese tiempo se forma con el condicional simple del verbo "estar" más el gerundio del verbo principal.

Sujeto	Verbo **estar** en condicional simple	+	Gerundio de verbos regulares con terminaciones **-ar, -er, -ir**	
Yo	estaría		**-ar** ⟶ **-ando**	
Tú	estarías		viajar **viajando**	
Él-ella-usted	estarían		**-er** ⟶ **-iendo**	
Nosotros	estaríamos	+	entender **entendiendo**	
Ellos-ellas-ustedes	estarían		**-ir** ⟶ **-iendo**	
			subir **subiendo**	

b) Gerundios irregulares

Cambian	**e** *por* **i**
Decir	Diciendo
Corregir	Corrigiendo
Divertir	Divirtiendo
Divertirse	Divirtiéndose
Mentir	Mintiendo
Pedir	Pidiendo
Preferir	Prefiriendo
Reír	Riendo
Reírse	Riéndose
Repetir	Repitiendo
Seguir	Siguiendo
Sentir	Sintiendo
Sentirse	Sintiéndose
Vestir	Vistiendo
Vestirse	Vistiéndose

Cambian	**i** *por* **y**
Caer	Cayendo
Caerse	Cayéndose
Creer	Creyendo
Destruir	Destruyendo
Influir	Influyendo
Leer	Leyendo
Oír	Oyendo
Traer	Trayendo

Cambian	**o** *por* **u**
Dormir	Durmiendo
Dormirse	Durmiéndose
Morir	Muriendo
Morirse	Muriéndose
Poder	Pudiendo

Ejercicios 6.1

A. Sustituye el verbo del condicional simple al condicional progresivo.

Ejemplo: Tú creíste qe recibirías una beca para el próximo año.

Tu creíste que estarías recibiendo una beca para el próximo año.

1. El noticiero informó que llovería durante la noche.

_____

2. Ustedes me preguntaron si yo leería las cartas para mañana.

_____

3. Tú me prometiste que firmarías el contrato para el próximo mes.

_____

4. Daniel y Pablo nos aseguraron que saldrían para el 12 de octubre.

_____

5. Nosotros supimos que se sentirían mejor dentro de unas horas.

_____

6. Yo pensé que ustedes se divertirían en la fiesta.

_____

B. Completa las siguientes oraciones con el condicional progresivo.

Ejemplo:

Mis padres me aseguraron que para enero   _estarían construyendo su casa._

Marta y Raúl nos comentaron que para diciembre   _____

_____

1. Él dijo que para febrero sus hermanos   _____

2. Tú le preguntaste a José si para abril   _____

3. Nosotros creímos que para Navidad   _____

4. Emiliano y Gabriel pensaron que para el verano   _____

5. Yo entendí que para octubre   _____

C. Contesta las siguientes preguntas, en condicional progresivo, usando las palabras que se indican.

Ejemplo: ¿Qué dijo el doctor?
        3 p. m./bajar/la fiebre

Que para las 3 p. m. ya le estaría bajando la fiebre.

1. ¿Qué pensó el periodista?   (próxima/publicar/el artículo/semana)

_____

2. ¿Que se imaginaron ustedes?   (otro/conseguir/septiembre/trabajo)

_____

3. ¿Qué dijo el gobernador?   (funcionar/social/de asistencia/2006/programas)

_____

4. ¿Qué pensaste tú?   (terminar/de año/fin/mi tesis)

_____

5. ¿Qué creyó Lilia?   (el/para/viernes/examen/el/corregir)

_____

6. ¿De qué se dieron cuenta ustedes?   (pedir/sábado/dinero/ellos/para el)

_____

7

¿Quién gritaría anoche?

Objetivo específico:

• El estudiante aprenderá a expresar posibilidades, suposiciones y dudas en relación con acciones pasadas.

EL CONDICIONAL SIMPLE DE PROBABILIDAD

Expresa una suposición o una duda en relación con una acción en el pasado.

a) Preguntas de probabilidad

1. En pretérito: *¿Quién rompió la ventana?*
2. En pretérito progresivo: *¿Quién estuvo haciendo tanto ruido anoche?*
3. En condicional simple: *¿Quién gritaría?*
4. En condicional progresivo: *¿Quién estaría peleando?*

b) Respuestas de probabilidad

¿Quién rompió la ventana?

A	*Debe* o *deben*	+	*de*	+	*Haber* más pronombre	+	Participio pasado	+	Sujeto

Ejemplo:

Deben   de   haberla   roto   los niños.

| **B** | Pronombre | + | ha o han | + | de | + | haber | + | Participio pasado | + | Sujeto |

Ejemplo:

La   ha   de   haber   roto   Carlos.

| **C** | | Pronombre | + | Condicional simple | + | Sujeto |

Ejemplo:

La   romperían   tus amigos.

Ejercicios 7.1

A. Contesta las siguientes preguntas, usa cualquiera de las respuestas de probabilidad:

Ejemplo: ¿Quién construyó el Palacio de Bellas Artes?

Debe de haberlo construido algún arquitecto europeo.

1. ¿Dónde estudiaría guitarra el maestro?

2. ¿Por qué se calentaría tanto la Tierra?

3. ¿Quiénes pelearían por las islas Malvinas?

4. ¿Cuándo enviaría la NASA el "Apolo XI" a la Luna?

5. ¿Cómo sería el primer presidente de México?

6. ¿Cómo sobrevivirían los primeros hombres en la Tierra?

B. Forma preguntas y respuestas con las siguientes palabras.

Ejemplo: a dónde/los maestros/ir/se.

¿A dónde se irían los maestros?

jardín Borda/ir/se/al

Han de haberse ido al jardín Borda.

1. Cuándo/Sara/casarse.

El mes/casarse/pasado.

2. Dónde/ese/Francisco/comprar/reloj.

En Suiza/comprar/reloj.

3. por qué/muchos cubanos/de su país/salir.

De vida/por condiciones.

4. Cuáles productos/año pasado/México/exportar.

flores/exportar/petróleo/miel/México.

5. Quiénes/Catedral de Cuernavaca/construir.

Los frailes/construir/franciscanos.

C. Sustituye el objeto directo por el pronombre correspondiente.

Ejemplo: ¿Quién estaría pintando graffiti en la pared?

Los pandilleros lo estarían pintando.

1. ¿Cuándo se estrenaría "Los Miserables" en México?

2. ¿Dónde aprendería literatura sor Juan Inés de la Cruz?

3. ¿Cuándo desarrollaría su primer programa Bill Gates?

_____

4. ¿Por qué estarían pidiendo ellas la solicitud?

_____

5. ¿A quién le enviaría Daniel el arreglo floral?

_____

6. ¿Cómo haría el salmón el chef?

_____

D. Observa los dibujos y construye una pregunta para cada uno en condicional simple y contéstalas con las tres respuestas de probabilidad.

Dibujo **A**

| Pregunta | _____ |

| Respuestas | |

1.	_____
2.	_____
3.	_____

Dibujo **B**

| Pregunta | Quien robó la manzana. |

| Respuestas | |

1.	Debe de haberla robado el estudiante.
2.	La ha de haber robado el estudiante.
3.	La robaría el estudiante.

Dibujo **C**

| Pregunta | Quien rompió la aspiradora |

| Respuestas | |

1.	Debe de haberla roto el hombre.
2.	La ha de haber roto el hombre.
3.	La rompería el hombre.

Dibujo **D**

| Pregunta | Quien olvidó las llaves. |

| Respuestas |
1.	Deben de haber ~~las~~ olvidado el hombre
2.	Las ha de haber olvidado el hombre.
3.	Las olvidaría el hombre.

c) Respuesta segura

Si la persona que responde tiene la información real, tendrá que contestar usando el pretérito simple o el pretérito progresivo.

Ejemplos: –¿*Quién enviaría el fax anoche?*
–*Lo mandó Carlos.*
–¿*Qué estuvo haciendo Claudia el domingo?*
–*Estuvo descansando.*

Ejercicio 7.2. Contesta las siguientes preguntas usando el pretérito simple.

Ejemplo: ¿Quién escribiría el *Código Da Vinci*?

Lo escribió Dan Brown.

1. ¿De qué hablarían los maestros en la junta?

   Hablaron sobre el horario nuevo.

2. ¿Quién llamaría anoche tan tarde?

   Llamo mi prima que vive en europa.

3. ¿Dónde dejaría el dinero mi mamá?

   Lo dejó sobre la mesa.

4. ¿Cuánto pagaría Frida por ese coche?

   Pagó 50,000 pesos.

5. ¿A qué hora regresarían sus hijos de la fiesta?

   Regresaron a la medianoche.

6. ¿Qué pasaría ayer en el centro?

   Un flash mob cantó una canción.

Me habría divertido, pero no fui

- *El estudiante aprenderá a expresar acciones futuras en relación con otra acción pasada con un tiempo exacto, y a dar opiniones de una posibilidad en el pasado.*

EL CONDICIONAL PERFECTO

Expresa una hecho futuro terminado, en relación con un hecho pasado en un tiempo exacto.

Ejemplos:

Sofía me dijo que ya para agosto se habrían graduado de la universidad.
Creíamos que para mañana ya habían obtenido la visa.

El condicional perfecto se forma con el condicional del verbo "haber" y el participio pasado del verbo principal.

a) Participio pasado de verbos regulares

Sujeto	Verbo **haber** en condicional simple	+	Participio de verbos regulares con terminaciones **-ar -er -ir**
Yo	habría		**-ar** **-ado**
Tú	habrías		estudiar ⟶ **estudiado**
Él-ella-usted	habrían	+	**-er** **-ido**
Nosotros	habríamos		aprender ⟶ **aprendido**
Ellos-ellas-ustedes	habrían		**-ir** **-ido**
			vivir ⟶ **vivido**

b) Participio pasado de verbos irregulares

Terminación -to	
Abrir	Abierto
Componer	Compuesto
Escribir	Escrito
Morir	Muerto
Poner	Puesto
Romper	Roto
Ver	Visto
Volver	Vuelto

Terminación -cho	
Decir	Dicho
Hacer	Hecho

Terminación -so	
Imprimir	Impreso

c) Usos del condicional perfecto

1. El condicional perfecto expresa una opinión sobre posibilidades en el pasado.

Condicional perfecto	+	pero	+	Pretérito e imperfecto simple

Ejemplo:

Yo habría ido,   pero   *no me invitaron.*
Nosotros habríamos pagado,   pero   *no aceptaban cheques.*

Ejercicios 8.1

A. Sustituye el sujeto de las siguientes oraciones:

Ejemplo: Yo habría llegado temprano, pero se me descompuso el coche.

(Daniel y yo)   *habríamos llegado temprano, pero se nos descompuso el coche.*

1. Ellos habrían hecho la impresión del libro, pero se les acabó la tinta.

(tú)   Tu habrías hecho la impresión del libro... *[te]* *[impreso el libro]*

2. Los maestros se habrían quedado más tiempo, pero ya era muy tarde.

(usted)   Ud. se habría quedado más tiempo,

3. Yo habría asistido a la conferencia, pero tuve clases. *[tuvimos]*

(nosotros)   Nosotros habríamos asistido...

4. Tú habrías podido acompañarnos, pero te dolía la cabeza. *[le]*

(Carmen)   Carmen habría podido acompañarnos...

5. Nosotros habríamos ido a Tepoztlán, pero estaba lloviendo.

(los estudiantes)   Los estudiantes habrían ido a...

6. Mónica habría bailado "salsa", pero no sabe cómo.

saben

(sus hermanas) Sus hermanas habrían bailado "salsa,"

B. Cambia las oraciones a condicional perfecto:

Ejemplo: Nos hemos divertido en Ixtapa.

Nos habríamos divertido en Ixtapa.

1. Javier se ha graduado en junio.

Javier se habría graduado en junio, pero el falló una clase

2. Tú te has casado en Las Vegas.

Tú te habrías casado en Las Vegas.

3. Mis abuelos han viajado por muchos países.

Mis abuelos habrían viajado por muchos países.

4. David ha asistido a congresos de OVNIS.

David habría asistido congresos de OVNIS.

5. Yo he participado en el concurso de canto.

Yo habría participado en el concurso de canto.

6. Los estudiantes han ido a Oaxaca.

Los estudiantes habrían ido a Oaxaca, pero el auto se descompuso.

C. Forma oraciones y conjuga el verbo en participio pasado:

Ejemplo:

| ir | Yo habría _ido_ a la excursión, pero _tenía gripa._

1. | volver | Ustedes habrían _vuelto_ temprano, pero _había mucho tráfico_

2. | hacer | Tú habrías _hecho_ la comida, pero _estabas muy cansado._

3. | ver | Carlos habría _visto_ el programa de TV, pero _llegó a casa demasiado tarde._

4. | escribir | Mis compañeros de clases habrían _escrito_ el poema, pero _no tenían papel._

5. | componer | El técnico habría _compuesto_ la impresora, pero _el no tenía las partes que necesitaba._

6. | decir | Nosotros le habríamos _dicho_ los verbos en español, pero _no sabíamos como._

2. El condicional perfecto expresa una acción futura en relación con una acción pasada en un tiempo exacto.

Pretérito (verbo de información	+	*que para* (tiempo límite)	+	*ya*	+	Condicional perfecto

Ejemplo:

El me dijo,	*que para las 7 p. m.*	*ya*	*habría salido del trabajo.*
El gobienro informó	*que para este año*	*ya*	*habría disminuido la inflación.*

Ejercicios 8.2

A. Escribe dentro del cuadro la letra que complete correctamente las siguientes oraciones:

Ejemplo:

El director te comunicó que para el próximo año `B`

1. La maestra se dio cuenta que para las 6 p. m. `E`

2. Tú me preguntaste si para diciembre `G`

3. Nosotros creíamos que para el año 2010 `H`

4. Yo me imaginé que para abril `D`

5. Ustedes supieron que para fin de año `H`

6. Elena y Sofía aseguraron que para el verano `A`

> A. ya habría pasado el peligro.
> B. ya habrías obtenido la beca. (the scholarship)
> C. todavía no habrían empezado a estudiar español.
> D. ya habría llegado tu familia a México.
> E. los estudiantes ya se habrían cansado.
> F. habríamos celebrado el aniversario de la escuela.
> G. yo habría terminado mi tesis.
> H. ya habría disminuido la contaminación.

B. Completa las siguientes oraciones, usa el condicional perfecto:

Ejemplo: Carmen nos dijo que *para el mes que entra ya habría terminado su casa.*

1. Ustedes me preguntaron si habría estado en casa para media noche.

2. No me imaginé que para septiembre ya no habría aprendido Español.

3. Tú no supiste que para el año 2020 la contaminación habría eliminado.

4. Nosotros leímos que   *para septiembre el dinero habría sido gastado.*

5. Mis padres pensaron que   *para este momento me habría graduado.*

6. El doctor nos informó que   *para septiembre se habría recuperado.*

C. Escribe lo que habrías hecho tú y las siguientes personas para las horas y fechas mencionadas:

Ejemplo: Para junio nosotros   *habríamos hecho un viaje a Guanajuato.*

1. Para las tres, mis compañeros   *habrían estudiado mucho Español.*

2. Para mañana a las siete, ellas   *habrían dormido lo suficiente.*

3. Para la semana próxima, tú   *habrías terminado este libro.*

4. Para el otoño, mis padres   *ya se habrían retirado/jubilado.*

5. Para el 15 de diciembre, yo   *habría trabajado aquí durante 5 años.*

6. Para mañana por la tarde, él   *habría tomado la decisión.*

D. Contesta las siguientes preguntas con el condicional perfecto, usando la información de los recuadros:

Ejemplo: ¿Qué les aseguró la maestra? | nosotros/empezar/el subjuntivo el jueves |

Que para el jueves nosotros ya habríamos empezado el subjuntivo.

1. ¿Qué se imaginaron ustedes? | para el fin de curso/comprender más español |

Que para el fin de curso, ya habríamos comprendido más español.

2. ¿Qué les dijeron a ellas sus amigos mexicanos? | para julio/ir/a AUnida- |

Que para julio ya habrían ido a AUnida.

3. ¿Qué pensaste? | para el fin de semana/aliviarse |

Que para el fin de semana ya me habría aliviado.

4. ¿Qué opinó tu familia mexicana? | para mayo tú/hacer/una excursión a Chiapas |

Que para mayo ya habría hecho una excursión a Chiapas.

5. ¿Qué comentó David? | para el próximo mes/resolver/el problema |

Que para el próximo mes ya habría resuelto el problema.

6. ¿Qué contestaron Sara y Elena? | para el año 2012/graduarse |

Que para el año 2012 ya se habrían graduado.

El que ríe al último, ríe mejor

Objetivo específico:

- *El estudiante aprenderá a expresarse (y a relacionarse) de las cosas o de las personas que ya conoce.*

LOS PRONOMBRES RELATIVOS

Los pronombres relativos son: *que, quien(es), el cual, cuyo, donde,* y se refieren a un sustantivo previamente conocido que se llama *antecedente.*

Ejemplo: *El hombre que habla.*

En este ejemplo, el pronombre relativo es "que" y tiene como antecedente la palabra *hombre,* que ya se conoce.

El niño al cual se refiere este libro. En este ejemplo, la palabra "cual" es el pronombre relativo y su antecedente es *niño.*

La función de los pronombres relativos es enlazar o relacionar dos oraciones: la que antecede y la suya propia.

Ejemplo: *Son muchas las revistas en las que se puede investigar.*
           La señora que estuvo aquí ayer es la coordinadora.
           Nos vemos en el restaurante, donde se come muy bien.

a) Que

Es el pronombre relativo más común, se refiere a personas y cosas. Se usa:

1. Cuando sigue inmediatamente al antecedente e introduce una cláusula que limita la información. Ejemplos:

   - *El hombre que habla es un periodista famoso.*
   - *Las películas que vimos ayer fueron muy interesantes.*

2. Cuando está separado por antecedentes, por comas, e introduce una cláusula que nos dé más información. Ejemplos:

   - *Antonio, que fue mi compañero de escuela, ha recibido el premio.*
   - *Este libro de filosofía, que acabo de leer, es una obra maestra.*

3. Después de preposiciones a, con, de y en, para referirse a cosas. Ejemplo:

   - *La casa en que nací es muy bonita.*
   - *Este es el cuaderno en el que escribo las recetas de cocina.*

4. Cuando no hay un antecedente expreso, se antepone un artículo definido al pronombre relativo "que" y se forman los nexos: *el que, la que, los que* y *las que.*
   Introducen oraciones subordinadas sustantivas. Concuerdan en género y número con la persona o cosa a que se refieren.

   - *Necesito el color rojo. Tiene buena punta.*
   - *Necesito el color rojo que tiene buena punta.*
   - *Necesito el que tiene buena punta.*

5. También se puede anteponer al artículo neutro "lo" al pronombre relativo "que" y se forma "lo que"; que se usa cuando el antecedente no está indicado o cuando uno se refiere a cosas indefinidas.

   - *Ustedes oyeron lo que dijo.*
   - *Lo que más me molestó fue el ruido.*

   El pronombre neutro "lo que" se usa:

   a) Cuando el antecedente es toda una cláusula, frase o idea.

      - *Decidimos salir de vacaciones, por lo que estoy feliz.*
      - *El comentarista criticó al presidente, lo que causó gran polémica.*

   b) Para referirse a una idea imprecisa.

      - *Lo que me dijo ayer nunca lo repetiré.*
      - *Yo no sé lo que piensas hacer.*

Ejercicios 9.1

A. Une las oraciones usando el pronombre relativo "que".

Ejemplo: (Yo) vivo en una casa. Es amplia y cómoda.

(Yo) vivo en una casa que es amplia y cómoda.

1. Te platiqué de esa conferencia. Fue muy interesante.

   Te platiqué de esa conferencia que fue muy interesante.

2. Hablaron de varios temas. No me importan.

   Hablaron de varios temas que no me importan.

3. Se quejaron de sus problemas. Son muy graves.

   Se quejaron de sus problemas que son muy graves.

4. Corté el vestido con las tijeras. No tienen filo.

   Corté el vestido con las tijeras que no tienen filo.

5. Estuve trabajando con el contador. Es muy inteligente.

   Estuve trabajando con el contador que es muy inteligente.

6. Hablamos del libro. Lo compré ayer.

   Hablamos del libro que (lo) compré ayer.

B. Conjuga el verbo y usa el pronombre relativo "que".

Ejemplo: La puerta _____que está_____ cerrada está rota.
                        (estar)

1. La enciclopedia _____que está_____ en el librero es del maestro.
                           (estar)

2. Todos los turistas _____que visitan_____ México se divierten mucho.
                              (visitar)

3. El periódico _Times_ _____que se vende_____ en Sanborn's lo compra Kathy.
                               (vender)

4. El estudiante _____que mide_____ 2 metros es holandés.
                          (medir)

5. Los zapatos _____que me gustan_____ cuestan 600 pesos.
                         (gustarme)

6. Los doctores _____que llegaron_____ trabajan en el Hospital Militar.
                          (llegar)

C. Completa las oraciones, utiliza "que", "el que" y "la que" según sea necesario.

Ejemplo: Preguntamos por el periodista _que le hizo la entrevista al Papa._

1. La persona que se esfuerza es la que gana.

2. Hay ocasiones en las que quiero renunciar.

3. Me ha hecho falta el libro   *que usamos en la clase.*

4. Hay ocasiones en _____

5. El periódico ideal es   *el que se edita cuidadosamente*

6. Antenoche vimos la película   *que recomiendas.*

D. Completa las oraciones con una idea original.

Ejemplo: Voy a enseñarles todo lo que   *me compré en París.*

1. Entendimos perfectamente todo lo que   *explica el profesor*

2. A tu cuñado le va a caer muy mal lo que   *el hace.*

3. No debería usted preocuparse por lo que   *no puedes controlar.*

4. No nos convenía lo que   *estaba incluido en la gira.*

5. Vamos a aprender todo lo que   *necesitamos para funcionar*

6. La policía acababa de investigar todo lo que   *dijo es suspecho.*

E. Forma oraciones con las siguientes palabras, usa el pronombre relativo "lo que".

Ejemplo: interesar/los cursos de historia/a mí.

Lo que me interesa son los cursos de historia.

1. molestarme/el ruido/a mí.

Lo que me moleste es el ruido.

2. preferir/comer/ellos/los tacos.

Lo que ellos prefieren comer es/sm tacos.

3. decir/tú/estuvo mal.

Lo que tu dijiste estuvo mal.

4. dar miedo/a ellas/la oscuridad.

Lo que les dan miedo a ellas es la oscuridad.

5. confundirse/a mí/los verbos irregulares.

Lo que me confunde a mi es/sm los verbos irregulares.

6. gustar/más/a mí/bailar es "salsa".

Lo que más me gusta es bailar salsa.

b) Quien y quienes

Es el pronombre relativo que se refiere únicamente a personas, puede ser sujeto o complemento del verbo. Concuerda con el antecedente en número. Se usa:

1. Cuando está separado de la cláusula principal por comas e introduce una cláusula que amplía la información, se puede usar "quien" en lugar de "que". Ejemplos:

   - *Raúl, quien (que) fue mi compañero de curso, ha recibido un premio.*
   - *Tu amiga, a quien vi ayer, preguntó por ti.*

2. Después de todas las preposiciones. Ejemplos:

   - *Tu hermano, con quien hablé esta mañana, se sintió mal.*
   - *Los delegados, entre quienes está mi primo, son de Veracruz.*

3. Como un equivalente de "la persona que". Ejemplos:

   - *Quien busca, encuentra.*
   - *Quienes han visto la película dicen que es excelente.*

Ejercicios 9.2

A. Sustituye el sujeto y une las dos oraciones con el pronombre relativo "quien".

Ejemplo: La secretaria, a quien usted contrató, acaba de llegar.

Las personas a _____ *quienes usted contrató* _____ no van a venir hoy.

1. Los clientes, a quienes les mandamos las muestras, van a comprarlas.

   El proveedor _a quien le mandamos las muestras_ va a necesitar más.

2. Los arquitectos, a quienes les solicitaron los planos, vendrán hoy.

   El ingeniero, _a quien le solicitaron los planos,_ se enfermó.

3. El gerente de la compañía, a quien invitaron a la convención, es bilingüe.

   Los socios, _a quienes invitaron a la convención_ firmaron el contrato.

4. Mi primo, quien vive en Sonora acaba de casarse.

   Tus amigos, _quienes viven en Sonora,_ acaban de graduarse.

5. El director, quien está de vacaciones, me envió una postal.

   Los maestros, _quienes están de vacaciones,_ visitaron Uxmal.

6. La muchacha a quien conocí anoche, me llamó por teléfono.

   Los jugadores _a quienes conocí anoche_ ganaron el campeonato.

B. Completa las siguientes oraciones usando "quienes":

Ejemplo: Mis amigos, *quienes me estiman mucho, me regalaron unas artesanías.*

1. Algunos periodistas _quienes trabajaron muchos años han sido despedidos._

2. El estudiante alemán _quien estudia mucho hace un buen progresso._

3. Estas personas son _las quienes me ayudaron cuando estaba perdido._
4. El cantante _quien escuchamos anoche fue excelente._
5. Los atletas _quienes ganaron la copa del mundo estaban felices._
6. La pintora _____

c) El cual

El pronombre relativo "el cual" se usa:

1. Cuando se refiere a personas o cosas después de la preposiciones de una sílaba (*con, en, sin,* etc.), o dos sílabas (*encima de, junto a, acerca del,* etc.).

   - *Las personas con las que (las cuales) trabajo, me agradan.*
   - *Mi perro sin el cual estoy muy triste, se llama Ron.*
   - *La mesa, encima de la cual está el florero, es de caoba.*
   - *El edificio, delante del cual estamos, se construyó en 1950.*

2. Para referirse a personas o cosas cuando está separado de la oración por comas, para dar mayor énfasis al antecedente.

   - *El periodista, el cual escribió el artículo, es de Guerrero.*
   - *Las maestras, la cuales me enseñaron español, son de Cuernavaca.*

3. Cuando hay dos antecedentes, para aclarar a quién se refiere.

   - *Pienso consultar a la hermana de mi socio, la cual vive en Los Ángeles.*
     (la cual = la hermana).
   - *Quiero platicar con Francisco de arte, el cual pintó un mural.*
     (el cual = Francisco).

Ejercicio 9.3. Escribe las preposiciones de una o dos sílabas y el pronombre "cual", de acuerdo con lo que se requiera.

Ejemplo: Necesito el libro, _____*sin el cual*_____ no puedo estudiar.

1. La hermana de Luis, _____la cual_____ vive en Yucatán, estudiará medicina.
2. Mi primo, _____el cual_____ trabaja en Roma, vendrá en mayo.
3. Tus amigas, _____los cuales_____ dejaron una buena impresión. _?_
4. Nos gustó el jardín, _____él cual_____ habrá una fuente.
5. El tema del aborto, _____el cual_____ hablamos, es muy controversial.
6. El niño, _____el cual_____ hablamos, es mi sobrino.

Lo cual es un pronombre relativo neutro, que se refiere a una idea o una acción, y se usa:

- Cuando el antecedente es toda una cláusula, frase o idea.

  —*Tomás terminó su maestría, lo cual agradó a sus padres.*
  —*El actor ganó un premio, lo cual fue justo.*

Ejercicio 9.4. Une las oraciones con el pronombre relativo "lo cual".

Ejemplo: Lucy lo dijo en español. Eso me gustó mucho.

Lo dijo en español, lo cual me gustó mucho.

1. Ustedes llegaron mojados. Eso nos pareció extraño.

   Uds. llegaron mojados, lo cual nos pareció extraño.

2. Mi novia obtuvo una beca. Eso alegró mucho a sus padres.

   Mi novia obtuvo una beca, lo cual alegró mucho a sus padres.

3. Kathy no canceló su vuelo. Eso originó problemas.

   Kathy no canceló su vuelo, lo cual originó problemas.

4. Noé no nos saludó esta mañana. Eso significa que está molesto.

   Noé no nos saludó esta mañana, lo cual significa que esta molesto.

5. Ellas platicaron toda la tarde. Eso quiere decir que se llevan bien.

   Ellas platicaron toda la tarde, lo cual quiere decir que...

6. Jaime corre 3 km a diario. Eso demuestra que es deportista.

   Jaime corre 3 km a diario, lo cual demuestra que es deportista.

d) *Cuyo(a), (os), (as)*

Es un pronombre relativo que concuerda con el género y número de la palabra que modifica y no con el antecedente. "Cuyo" se usa:

1. Para expresar posesión. Ejemplo:

   - *Me quejé con el gerente, cuyos empleados no nos atendieron.*

2. Después de una preposición. Ejemplo:

   - *Me dijo que no tenía dinero, en cuyo caso debería mandárselo.*

Ejercicios 9.5

A. Cambia las oraciones de singular a plural y viceversa.

Ejemplo: Este es el nuevo cantante, cuyas canciones ganaron premios.

Este es el nuevo cantante, cuya canción ganó premios.

1. Estos son los entrenadores, cuyo equipo ganó el campeonato.   (los)

Estos son los entrenadores, cuyos equipos ganaron el campeonatos.

2. Quiero conocer al compositor, cuya sinfonía se estrenará el sábado.   use for the first time (ch use, shoe),

Quiero conocer al compositor, cuyas sinfonías se estrenarán el sabado.

3. Ella es Alicia, cuyos hijos han sobresalido en Química.   excel

Ella es Alicia, cuyo hijo ha sobresalido en Quimica.

4. Es un país cuyas playas son famosas.

Es un país, cuya playa es famosa.

5. Hablé con tu vecino, cuyo perro ladró toda la noche.

Hablé con tu vecino, cuyos perros ladraron toda la noche.

6. Carmen es la maestra, cuya clase es muy interesante.

Carmen es la maestra, cuyas clases son muy interesantes.

B. Forma oraciones con las siguientes palabras y utiliza "cuyo", "cuya" o "cuyos" según lo requiera la oración.

Ejemplo: La señora López/la persona/ser/hijo tiene un restaurante.

La señora López es la persona cuyo hijo tiene un restaurante.

1. el contador García/hombre/acabar/de dar a luz/esposa.   (accountant)

El contador Garcia es el hombre cuya esposa acabó de dar a luz.

2. el matrimonio Rodríguez/ser/hijos/campeones de tenis.

Son el matrimonio Rodriguez, los cuyos hijos son campeones de tenis.

3. Gabriel/ser/padres/inmigrantes/niño.   fueron (the died)

Gabriel es el niño, cuyos padres son inmigrantes.

4. las señoritas/hermano/María y Ana/tener/un accidente automovilístico.   tenía un

María y Ana son las señoritas, cuyo hermano accidente automovilístico.

owner → 5. el licenciado Álvarez/empresa/creciendo/estar.

El licenciado Álvarez es el hombre cuyo empresa esta creciendo.

6. Sofía/editar/la escritora/libro/en mayo.

Sofia es la escritora cuyo libro edité en Mayo.

se editó

e) Donde

Es un pronombre relativo invariable que se refiere a lugares.

en que / en la que / en la cual

- *Esta es la ciudad donde nací.*
- *Fui de viaje a un lugar donde nunca había estado.*

que
en el que
en cual

Ejercicios 9.6

A. Forma oraciones con los siguientes elementos y utiliza, en todos los casos, el pronombre relativo "donde".

Ejemplo: Esta tienda es la más grande de aquí.

La tienda donde trabaja mi tío es la más grande de aquí.

1. El domingo fuimos a un restaurante.

El domingo fuimos a un restaurante donde sirven carne de cocodrilo.

2. La clínica frente al correo.

Fuimos a la clínica frente al correo, donde se brindan vacunas gratuitas.

3. El gimnasio del centro.

El lugar donde hago ejercicio es el gimnasio del centro.

4. El Museo de Antropología.

Un lugar donde muchos turistas pasen el tiempo es el Museo de Antropología.

5. La biblioteca a una cuadra de aquí.

Un lugar donde puedes leer revistas es la biblioteca a una cuadra de aquí.

6. La peluquería de enfrente.

Un lugar donde puedes conseguir un corte de pelo barato es la peluquería de enfrente.

B. Forma oraciones con las siguientes palabras y utiliza, en todos los casos, el pronombre relativo "donde".

Ejemplo: Yo/vivir/en un pueblo/había muchas iglesias.

Yo vivía en un pueblo donde había muchas iglesias.

1. los muchachos no/decir/para/ir.

Los muchachos no dijeron para donde van.

2. Esta es la ciudad/nacer/Emiliano Zapata.

Esta es la ciudad donde nació Emiliano Zapata.

3. La iglesia/casarse/es muy bonita/tus abuelos.

La iglesia donde se casaron tus abuelos es muy bonito.

4. La calle por/vivir/está llena de árboles.

La calle por donde vivo está llena de árboles

5. El camino por/llegar/estaba muy oscuro.

El camino por donde llegué estaba muy oscuro.

6. La puerta por/salir/los lleva al jardín.

La puerta por donde saldremos (los) llava al jardin
Salen
Salieron

C. Contesta las siguientes preguntas usando el pronombre relativo "que".

Ejemplo: ¿Qué es un taxista?

Es una persona que maneja un taxi y te lleva a distintos lugares de una ciudad.

1. ¿Qué es un astrónomo?

Es una persona que estudia el sistema solar.

2. ¿Qué es un antropólogo?

Es una persona que estudia seres humanos y sociedades.

3. ¿Qué es un astronauta?

Es una persona que viaja al espacio exterior.

4. ¿Qué es un carpintero?

Es una persona que hace las cosas de la madera.

5. ¿Qué es un catador?

Es una persona que cata alimento para informar de su calidad,

6. ¿Qué es un pescador?

Es una persona que atrapa peces.

D. Lee con atención el siguiente artículo en *donde* encontrarás que *quienes* lo escribieron, *que* son conocedores, te enseñarán el uso de los pronombres relativos y *cuyo* contenido te servirá para dominarlos, *cual* si fueras un experto. ¡Subráyalos!

¿Desaparecerán los libros?*

Los editores de los libros, quienes están en el proceso de renovar la tecnología en sus empresas, se preguntan si algún día, del cual con toda seguridad no estamos muy lejos, no se verán desplazados por sus propias innovaciones.

Les preocupa la llamada "Prensa Electrónica" que permite cambiar los libros por información recibida en las computadoras vía Internet, que están instaladas en todas las empresas, oficinas y las casas. A través de la pantalla del televisor o del video, se pueden seleccionar tanto obras de éxitos editoriales de último momento como las pasadas.

Las principales editoriales han incorporado ya las nuevas técnicas informáticas instalando una terminal de pantalla y teclado donde antes había una máquina de escribir.

*Texto adaptado de Graciela Ascarrunz de Gilman y Marian Zwerling Suegano, "Horizontes gramaticales", en *Los pronombres relativos*. Harper & Row, p. 250.

Hay editoriales internacionales que ya realizan ediciones múltiples y simultáneas en varios países mediante la fotocopia por satélite y se vislumbra el día en que el escritor trasmitirá directamente sus escritos a la computadora, la cual los imprimirá directamente y sin pérdida de tiempo.

Hay quienes afirman, y están seguros, que será difícil prescindir del libro impreso. Los lectores, cuyos hábitos son difíciles de cambiar, no eliminarán el placer que ofrece la lectura de un buen libro. Lo que sí está claro es que vamos hacia una prensa diferente.

E. Investiga el significado de los pronombres relativos en los siguientes refranes y frases.

1. *Quien* espera, desespera.
2. *El que* mucho abarca, poco aprieta.
3. Dime con *quién* andas, y te diré *quién* eres.
4. *Quien* busca, encuentra.
5. *El que* con lobos anda, a aullar se enseña.
6. *El que* solo se ríe, de sus maldades se acuerda.
7. *Quien* ríe al último, ríe mejor.
8. *El que* persevera, alcanza.
9. Tal para *cual.*
10. *Donde* las dan las toman.
11. "En un lugar de La Mancha de *cuyo* nombre no quiero acordarme…"

1. _____
2. _____
3. _____
4. _____
5. _____
6. _____
7. _____
8. _____
9. _____
10. _____
11. _____

El español fue estudiado por Neil

- *El estudiante aprenderá a expresar circunstancias donde la acción es más importante que el sujeto.*

LA VOZ ACTIVA   El verbo puede expresarse en voz activa y voz pasiva. Se da el nombre de voz activa a la forma que toma un verbo para expresar que el sujeto ejecuta la acción. Ejemplos:

> *David enseña francés.*
> El sujeto es *David*, y es quien ejecuta la acción de enseñar;

> *Juan estudia la lección de álgebra.*
> El sujeto es *Juan*, y es quien ejecuta la acción de estudiar.

LA VOZ PASIVA   Se llama voz pasiva a la forma que toma el verbo para indicar que el sujeto recibe la acción. Ejemplos:

> *David es enseñado.*
> El sujeto es *David* porque es quien recibe la acción.

> *La lección es estudiada por Juan.*
> El sujeto *la lección*, es quien recibe la acción.

Veamos estas dos oraciones:

- Voz activa: *Armando lee la* Biblia.
- Voz pasiva: *La* Biblia *es leída por Armando.*

En la primera oración, el sujeto *Armando* es quien realiza la acción; en la segunda, el sujeto *la Biblia* es quien recibe la acción del verbo. Observa que en estas dos oraciones el significado es el mismo: *Armando* realiza la acción y *la Biblia* la recibe; sin embargo, la estructura varía totalmente.

La voz pasiva se forma con:

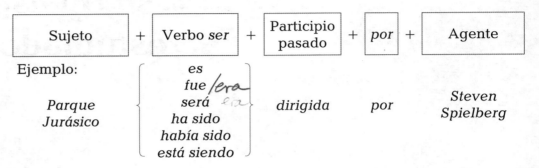

| Sujeto | + | Verbo *ser* | + | Participio pasado | + | *por* | + | Agente |

Ejemplo:

Parque Jurásico   { *es fue/era será ha sido había sido está siendo* }   *dirigida*   *por*   *Steven Spielberg*

El participio pasado funciona como adjetivo y concuerda en género y número con el sujeto.

Ejercicios 10.1

A. Cambia las siguientes oraciones a la voz pasiva, según el tiempo de la voz activa.

Ejemplo: Mi hermana saca dinero del cajero.

El dinero es sacado por mi hermana.

1. Yo perdí la cámara.

   La camára fue perdida.

2. Ustedes lavaban su ropa.

   Su ropa era lavada.

3. El gerente autorizará el crédito.

   El crédito será autorizado.

4. Los estudiantes tienen que usar su credencial.

   Su credenciaul tiene que ser usada

5. Yo voy a preparar la comida.

   La comida va a ser preparada.

6. Ese joven ha dicho muchas mentiras.

   Muchas mentiras han sido dichas

B. Forma oraciones usando la voz pasiva y conjuga el verbo en pretérito.

Ejemplo: avión/inventar/los hermanos Wright.

El avión fue inventado por los hermanos Wright.

1. los focos eléctricos/inventar/Tomás Edison.

   Los focos electricos fueron inventados por TE.

2. la teoría de la relatividad/proponer/Albert Einstein.

   La teoría de la relatividad fue propuesta por AE.

3. *Don Quijote de la Mancha*/escribir/Miguel de Cervantes.

   Don Q. de L M fue escrito por Miguel de Cervantes

4. La penicilina/descubrir/Alexander Fleming.

   La ___ fue descubierta

5. La Pirámide del Sol/construir/los teotihuacanos.

   ___ fue construida

6. la 5a. sinfonía/componer/Beethoven.

   ___ fue compuesta

C. Contesta las siguientes preguntas usando la voz pasiva.

Ejemplo: ¿Quién pintó el cuadro *Las Meninas*?

El cuadro Las Meninas *fue pintado por Velázquez.*

1. ¿Quién inventó el teléfono?

   El telefon fue inventado por Alexander G. Bell

2. ¿Quién escribió la novela *Cien años de soledad*?

   La novela Cien años de soledad fue escrito. por GGM

3. ¿Quién conquistó México?

   Mexico fue conquistado fue Hernan Cortes.

4. ¿Quién descubrió América?

   America fue descubierta por C.C.

5. ¿Quién pisó por primera vez la Luna?

   La luna fue pisada primera vez por VN.A.

6. ¿Quién esculpió *La Piedad*?

   La Piedad fue esculpida por Michelangelo.

D. Cambia las siguientes oraciones al futuro simple.

Ejemplo: Nosotros fuimos entrevistados por el director.

Nosotros seremos entrevistados por el director.

1. Doña Elena es recordada con cariño.

_____

2. Usted ha sido invitada a varias conferencias.

_____

3. Los ladrones no fueron vistos por nadie.

_____

4. Los contratos iban a ser firmados por ti.

_____

5. Para junio mis poemas ya habrán sido editados.

_____

6. Las tareas están siendo corregidas por la maestra.

_____

11

Estudia español
y diviértete

Objetivo específico:

- *El estudiante aprenderá a expresar mandatos, peticiones, súplicas y prohibiciones.*

IMPERATIVO FAMILIAR

El imperativo familiar es un modo que expresa órdenes, peticiones, ruegos, prohibiciones y direcciones.

Se forma de la 3a. persona del singular del presente simple del indicativo, y cuando son órdenes o prohibiciones, en frases cortas, se acostumbra ponerles los signos de admiración (¡ !).

(*Tú*)

- Él vuelve – ¡Vuelve!
- Él cierra – ¡Cierra!
- Él sigue – ¡Sigue!

a) Verbos regulares

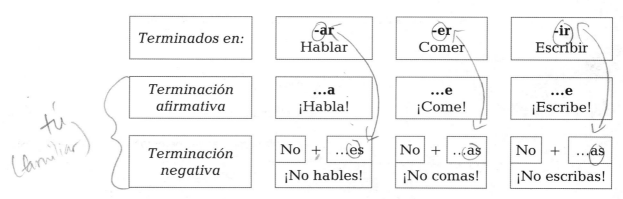

Terminados en:	**-ar** Hablar	**-er** Comer	**-ir** Escribir
Terminación afirmativa	**...a** ¡Habla!	**...e** ¡Come!	**...e** ¡Escribe!
Terminación negativa	No + ...es ¡No hables!	No + ...as ¡No comas!	No + ...as ¡No escribas!

91

b) Verbos irregulares

Infinitivo
Dar
Decir
Hacer
Ir
Poner
Saber
Salir
Ser
Tener
Traer
Venir
Ver

Afirmativo
Da
Di
Haz
Ve
Pon
Sabe
Sal
Sé
Ten
Trae
Ven
Ve

Negativo
No des
No digas
No hagas
No vayas
No pongas
No sepas
No salgas
No seas
No tengas
No traigas
No vengas
No veas

Los verbos terminados en *-car*, *-gar* y *-zar* presentan un cambio ortográfico en la forma negativa:

Terminados en:	**-car**	**-gar**	**-zar**
Infinitivo	Buscar	Pagar	Memorizar
Afirmativa	¡Busca!	¡Paga!	¡Memoriza!
Negativa	¡No busques!	¡No pagues!	¡No memorices!

Ejercicios 11.1

A. Conjuga el verbo regular, que está en infinitivo, al imperativo familiar.

Ejemplo:

llamar	*Llama*	a la agencia de viajes, no	*llames*	al aeropuerto.
firmar	firma	la solicitud, pero no	firmes	el contrato.
usar	usa	aquella computadora, pero no	uses	ésta ahora.
llevar	lleva	ropa de algodón, pero no	llaves	ropa de lana.

llevar = take; traer = bring

vender	*vende*	tus discos viejos, pero no	*vendas*	éstos.
aprender	*aprende*	a manejar, pero no	*aprendas*	con mi coche.
leer	*lee*	estos libros en español, pero no	*leas*	los nuevos.
vivir	*vive*	alegre no	*vivas*	triste.
abrir	*abre*	la lata de camarones, pero no	*abras*	la de sardina.
decidir	*decide*	por ti, no	*decidas*	por los demás.

B. Conjuga el verbo irregular, que está en infinitivo, a imperativo familiar.

Ejemplo:

llamar	*Ven*	por mí temprano, no	*vengas*	muy tarde.
decir	*di*	la verdad, no	*digas*	mentiras.
tener	*Ten*	perros en tu casa, no	*tengas*	gatos.
hacer	*Haz*	las galletas con canela, no	*hagas*	con coco.
poner	*Pon*	las maletas en el piso, no	*pongas*	en la cama.
salir	*Sal*	de aquí como a las 9 p. m., no	*salgas*	sola.
ir	*Ve*	con tu familia a Cancún, no	*vayas*	a AUnida-

dulco.

| ser | *Sé* | optimista, no | *seas* | pesimista. |
| saber | *Sabe* | el vocabulario, pero no | *sepas* | todo. |

Odd usage, in Spanish, more likely to use "aprende"

c) **Posición de los pronombres**

Existen seis formas, de acuerdo con el tipo de pronombres, para que interactúen con el imperativo familiar:

Afirmativa	*Negativa*
Verbo (acentuado) + Pronombre	*No* + Pronombre + *Verbo*

1. Directo:

Cambia los cheques.

| ¡Cámbialos! | ¡No los cambies! |

2. Indirecto:

Pide algo a Ana.

¡Pídele!	¡No le pidas!

3. Reflexivo:

Dormirse a las 10 p. m.

¡Duérmete!	¡No te duermas!

4. Indirecto + directo:

Cómprame la bolsa.

¡Cómpramela!	¡No me la compres!

5. Reflexivo + directo:

Ponte el saco.

¡Póntelo!	¡No te lo pongas!

6. Reflexivo + indirecto:

Rebélate a él.

¡Rebélatele!	¡No te le rebeles!

Ejercicios 11.2

A. Sustituye el objeto directo por su pronombre correspondiente en imperativo familiar en forma de órdenes afirmativas.

Ejemplo:

Cuelga tu ropa   *¡Cuélgala!*

1. Envuelve el regalo.   ¡Envuélvelo!
2. Cierra el libro.   ¡Ciérralo!
3. Sirve el postre.   ¡Sírvelo!
4. Pide la cuenta.   ¡Pídela!
5. Despierta a los niños.   ¡Despiértalos!
6. Sigue las instrucciones.   ¡Síguelas!

7. Memoriza los verbos.   ¡Memorízalos!

8. Organiza la fiesta.   ¡Organízala!

9. Conoce lugares interesantes.   ¡Conócelos!

10. Traduce las preguntas.   ¡Tradúcelas!

11. Hierve el agua.   ¡Hiérvela!

12. Consigue la revista.   ¡Consíguela!

13. Prueba los tamales.   ¡Pruébalos!

14. Recuerda el teléfono de la escuela.   ¡Recuérdalo!

B. Escribe las recomendaciones que le da la mamá a su hijo de seis años.

Ejemplo: Jalarle la cola al gato.

¡No le jales la cola al gato!   _Because own body part._
como reflexivo.

1. Meterse el lápiz en el ojo.

¡No te metas el lápiz en el ojo!

2. Cortarse con el cuchillo.

¡No te cortes con el cuchillo!

3. Subirse con zapatos a la cama.

¡No te subas con zapatos a la cama!

Subirse = reflexive

4. Romperme las revistas. ?

¡No me las rompas!

5. Aventarle los juguetes a tu hermano.

¡No se los avientes! / ¡No le avientes los juguetes a tu hermano!

6. Gritarle a tu papá.

¡No le grites a tú papá!

C. Contesta las siguientes preguntas en imperativo familiar afirmativo y negativo, usando los pronombres posibles.

Ejemplo: ¿Les hago los tacos de pollo a ellas?

(afirmativo)   Sí, ¡hazlos!

(negativo)   No, hazles las enchiladas. | enchiladas |

1. ¿Les traigo las copas a ustedes?

(afirmativo)   ¡Sí, tráelas!

(negativo)   ¡No, tráeles los vasos! | vasos |

2. ¿Te pido café?

(afirmativo) ¡Sí, pídemelo!

(negativo) ¡No, pídeme el refresco! | refresco |

3. ¿Les escribo el vocabulario a ustedes?

(afirmativo) ¡Sí, escríbemelo!

(negativo) ¡No, escríbele los verbos! | verbos |

4. ¿Te sirvo vino blanco con el pescado?

(afirmativo) ¡Sí sírvemelo!

(negativo) ¡No, sírveme vino tinto! | vino tinto |

5. ¿Les explico las instrucciones a ellas?

(afirmativo) ¡Sí, explícalas!

(negativo) ¡No, explica las prohibiciones! | prohibiciones |

6. ¿Le doy la dirección a Elena?

(afirmativo) ¡Sí, da(se)la!

(negativo) ¡No, dale el teléfono! | teléfono |

7. ¿Les preparo la paella a ustedes?

(afirmativo) ¡Sí, prepáralesla!

(negativo) ¡No, prepárales la lasaña! | lasaña |

D. Escribe algunos consejos ante las siguientes situaciones.

Ejemplo: Si tienes frío.

| ponerse | *¡Ponte la chamarra!* | chamarra |

Si no vas a venir.

| llamarnos | ¡Llámanos por teléfono! | teléfono |

Si quieres asolearte.

| ir | ¡Ve a la playa! | playa |

Si tu coche está descompuesto.

| llevarlo | ¡Llévalo al mechanico! | mecánico |

Si hace mucho calor.

| encender | ¡Enciende el ventilador! | ventilador |

Si te duele el estómago.

| tomar | ¡Toma té! | té |

Si está lloviendo.

| traer | ¡Trae un paraguas! | paraguas |

Si no sabes bailar.

| tomar | ¡Toma clases de baile! | clases |

Si no conoces Puebla.

| viajar | ¡Viaja a Puebla el sábado! | sábado |

Si no tienes trabajo.

| buscar | ¡Búscalo en el periódico | periódico |

E. Escribe algunas sugerencias importantes para viajar a tu país, usando el imperativo familiar.

Afirmativas	Negativas
Llévate guantes.	*No lleves muchas maletas.*
¡Llévate ropa abrigada!	No lleves mucha ropa formal.
¡Alquila un coche!	¡No dependas del transporte público!
¡Planea visitar una pequeña parte del país!	¡No intentes ver/abarcar demasiado!

F. Escribe una receta de algún platillo que te guste, usando el imperativo familiar.

Ingredientes:
_____
_____
_____
_____
_____
_____
_____

Preparación:
_____
_____
_____
_____
_____
_____
_____
_____
_____

12

¡Conozca la cultura mexicana!

Objetivo específico:

• *El estudiante aprenderá a ordenar, pedir, dar instrucciones y direcciones.*

IMPERATIVO FORMAL

El imperativo formal, *usted*, se forma de la raíz de la 1a. persona del singular "yo" del presente simple del indicativo.

(Usted)

- Yo recuerd**o** – Recuerd**e**
- Yo entiend**o** – Entiend**a**
- Yo pid**o** – Pid**a**

Cuando son órdenes o prohibiciones, en frases cortas, se acostumbra ponerles los signos de admiración (¡ !).

a) Con verbos regulares

Terminados en:	**-ar** Probar	**-er** Traer	**-ir** Salir
Terminación afirmativa	**...e** ¡Pruebe!	**...a** ¡Traiga!	**...a** ¡Salga!
Terminación negativa	No + ...e ¡No pruebe!	No + ...a ¡No traiga!	No + ...a ¡No salga!

b) Con verbos irregulares

Infinitivo
Dar
Estar
Saber
Ser
Ir

Afirmativo
Dé
Esté
Sepa
Sea
Vaya

Negativo
No dé
No esté
No sepa
No sea
No vaya

Los verbos terminados en -car, -gar y -zar presentan un cambio orto-gráfico que es el mismo en afirmativo y en negativo:

Infinitivo

-car		-gar		-zar	
Buscar	Busque	Ahogar	Ahogue	Almorzar	Almuerce
Educar	Eduque	Cargar	Cargue	Cazar	Cace
Explicar	Explique	Conjugar	Conjugue	Cruzar	Cruce
Pescar	Pesque	Entregar	Entregue	Memorizar	Memorice
Platicar	Platique	Jugar	Juegue	Organizar	Organice
Practicar	Practique	Llegar	Llegue	Simpatizar	Simpatice
Tocar	Toque	Pagar	Pague		

Ejercicios 12.1

A. Conjuga el verbo regular del infinitivo al imperativo formal.

Ejemplo:

| despedir | ___Despida___ | a esas personas, |
| | pero no ___despida___ | a su empleado. |

1. | corregir | Corrija | el examen,
   pero no Corrija la composición ahora.

2. | traducir | Traduzca | las instrucciones del manual,
   pero no traduzca en inglés.

3. | cerrar | Cierre | el coche,
   pero no Cierre con llave.

4. | atender | Atienda | a los clientes a las 9 a. m.
   pero no atienda a las 11 a. m.

5. ver _____Vea_____ la película de acción,

pero no _____Vea_____ la de terror.

6. contar _____Cuente_____ algunas anécdotas,

pero no _____Cuente_____ chistes groseros.

7. pedir _____Pida_____ un postre,

pero no _____Pida_____ fresas con crema.

8. servir _____Sirva_____ el pollo frito,

pero no _____Sirva_____ el pollo con mole.

9. dormir _____Duerma_____ temprano,

pero no _____duerma_____ más de ocho horas.

10. distribuir _____Destribuya_____ estos productos naturales,

pero no _____destribuya_____ otros.

11. poner _____Ponga_____ los libros en el librero,

pero no _____ponga_____ en el escritorio.

12. salir _____Salga_____ con sus amigos,

pero no _____salga_____ sola de noche.

13. traer _____traiga_____ sus tarjetas de crédito,

pero no _____traiga_____ dinero en efectivo.

B. Conjuga el verbo irregular del infinitivo al imperativo formal.

Ejemplo:

ser _____Sea_____ optimista,

no _____sea_____ pesimista.

1. dar _____Dé_____ su cuota en efectivo,

no _____dé_____ cheques.

2. estar _____Esté_____ tranquilo(a),

no _____esté_____ preocupado(a).

3. ir _____Vaya_____ a la playa en octubre,

no _____Vaya_____ en junio.

4. ser _____Sea_____ prudente,

no _____Sea_____ imprudente.

5. | *explicar* | Explique   lo que pasó,

no   explique   lo que se imaginó.

6. | *saber* | Sepa   la verdad ahora,

c) Posición de los pronombres

Se utilizan seis formas, de acuerdo con el tipo de pronombres, para interactuar con el imperativo formal, *usted*:

Afirmativa	*Negativa*
Verbo (acentuado) + Pronombre	No + Pronombre + Verbo

1. Directo:

Pinte el cuarto.

¡Píntelo!	¡No lo pinte!

2. Indirecto:

Explique algo a ellas.

¡Explíqueles!	¡No les explique!

3. Reflexivo:

Acostarse.

¡Acuéstese!	¡No se acueste!

4. Indirecto + directo:

Déle el pan al niño.

¡Déselo!	¡No se lo dé!

5. Reflexivo + directo:

Póngase la corbata.

¡Póngasela!	¡No se la ponga!

6. Reflexivo + indirecto:

Rebélese a él.

¡Rebélesele!	¡No	se	le	rebele!

Ejercicios 12.2

A. Sustituye el objeto directo por su pronombre correspondiente en imperativo formal (*usted*) en forma de órdenes afirmativas.

Ejemplo: Cuelgue su ropa.   *¡Cuélguela!*

Envolver

1. Envuelva el regalo.   Envuélalo. Envuélvalo
2. Cierre el libro.   Ciérrelo
3. Sirva el postre.   Sírvalo
4. Pida la cuenta.   Pídala
5. Despierte a los niños.   despiértelos
6. Siga las instrucciones.   Sígalas
7. Conozca lugares interesantes.   conózcalos
8. Traduzca las preguntas.   ¡tradúzcalas!
9. Hierva el agua.   Hiérvala
10. Consiga la revista   consígala

el agua
el agula

B. Contesta las siguientes preguntas en imperativo formal, usando los pronombres correspondientes.

Ejemplo: ¿Qué hago?

Hágame la comida.

1. ¿A quién le doy el cheque?
   ¡Démelo!   Déselo a su hermano.

2. ¿Le traduzco los artículos a usted?
   ¡Sí, ¡Tradúzcamelos!   ¡Tradúzcaselos a María!

3. ¿Me despierto a las 7 a. m. o a las 8 a. m.?
   ¡Despiértese a las 7 a.m.!

4. ¿Le digo los verbos en español?
   ¡Dígamelos!

5. ¿Voy al cine o al teatro?
   ¡Váya(se) al cine!
   ↳ for emphasis

6. ¿Vengo el sábado o el domingo?

¡Véngase el sábado!

7. ¿Compro los boletos para la función de las 8 p. m. o de las 10 p. m.?   *Compre*

¡Cómprelos de las 8 p.m.   *los de las 8 pm.*

8. ¿A quiénes les explica la dirección?   *Explique la dirección a ellos.*

¡Explíqueseles a los estudiantes!

Les → se

9. ¿Les digo las oraciones en presente o en pretérito?   *Díganselas en presente*

¡Dígalas en presente!   *Dígaselas en presente*

10. ¿Qué le doy, la revista o el periódico?

¡Déme la revista!   *Démela or Démelo*

C. Escribe en los espacios el verbo en imperativo formal (*usted*). Utiliza los pronombres, si es necesario.

Ejemplo: _Diviértase_ pero _tenga_ cuidado.
          (divertir)   (tener)

1. __Distribuya__ mejor su dinero y __págueselo__ a Luis.
   (distribuir)   (pagar)

2. No __rompa__ esos documentos, __Démelos__ a mí.
        (romper)   (dar)

escoba = broom

3. Primero __barra__ el jardín y después __riéguelo__.
            (barrer)   (regar)

4. __Levántese__ temprano mañana. __Recuerde__ que su vuelo es a las 8 a. m.
   (levantarse)   (recordar)

5. __Pase__ y __siéntese__ ésta es su casa.
   (pasar)   (sentar)

6. __Vaya__ a la exposición y __compre__ algún cuadro.
   (ir)   (comprar)

D. De acuerdo con el plano de la página siguiente, si está en los "Vikingos", déle las instrucciones a alguien (utilizando el imperativo formal, *usted*) para ir al "Palacio de Cortés".

Ruta 1 ⟶

Gire a la derecha, y maneje hasta Guelatao. Gire a la izquierda y vaya hasta Monte Alban. Gire a la izquierda y vaya hasta Benito Juarez. Vaya directo 6 cuadras. El Palacio esta a la derecha.

Ruta 2 ⇢

Salga de Vikingos y vaya al oeste hasta calle Morelos. Gire a la derecha. Vaya directo 8 cuadras hasta la esquina con la catedral. Vire a la derecha en Calle Hidalgo. Vaya derecho hasta el Palacio de Cortez

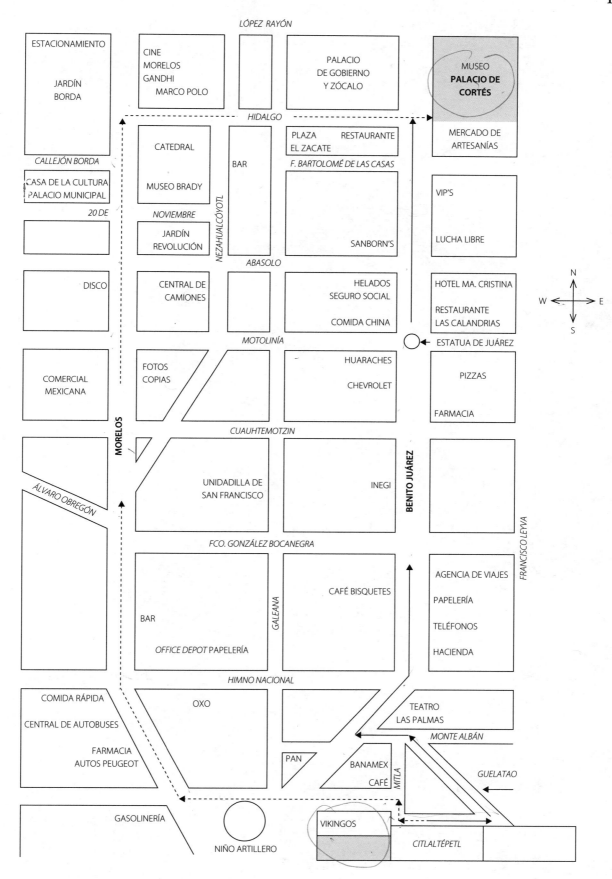

13

¡Celebren su cumpleaños!

Objetivo específico:

- *El estudiante aprenderá a expresar peticiones, órdenes, recomendaciones, prohibiciones, dar instrucciones y direcciones.*

IMPERATIVO PLURAL

El imperativo plural formal, *ustedes*, se forma de la raíz de la 1a. persona del singular "yo" del presente simple del indicativo.

(*Ustedes*)

- Yo bail**o** – Bail**en**
- Yo teng**o** – Teng**an**
- Yo salg**o** – Salg**an**

Cuando son órdenes o prohibiciones, en frases cortas, se acostumbra ponerles los signos de admiración (¡ !).

a) Con verbos regulares

Terminados en:	**-ar** Contar	**-er** Beber	**-ir** Oír
Terminación afirmativa	**...en** ¡Cuenten!	**...an** ¡Beban!	**...an** ¡Oigan!
Terminación negativa	No + ...en ¡No cuenten!	No + ...an ¡No beban!	No + ...an ¡No oigan!

107

b) Con verbos irregulares

Infinitivo	Afirmativo	Negativo
Dar	Den	No den
Estar	Estén	No estén
Saber	Sepan	No sepan
Ser	Sean	No sean
Ir	Vayan	No vayan

Los verbos terminados en *-car*, *-gar* y *-zar* presentan un cambio ortográfico que es el mismo en afirmativo y en negativo:

Infinitivo

-car		-gar		-zar	
Buscar	Busquen	Ahogar	Ahoguen	Almorzar	Almuercen
Educar	Eduquen	Cargar	Carguen	Cazar	Cacen
Explicar	Expliquen	Conjugar	Conjuguen	Cruzar	Crucen
Pescar	Pesquen	Entregar	Entreguen	Memorizar	Memoricen
Platicar	Platiquen	Jugar	Jueguen	Organizar	Organicen
Practicar	Practiquen	Llegar	Lleguen	Simpatizar	Simpaticen
Tocar	Toquen	Pagar	Paguen		

Ejercicios 13.1

A. Conjuga el verbo regular del infinitivo al imperativo plural (*ustedes*).

Ejemplo:

repetir	*repitan*	las palabras, no	*repitan*	todas.

1. cerrar — ¡Cierren las ventanas, no *Cierren* la puerta.
2. dormir — Duerman en la recámara, no *duerman* en la sala.
3. despertarse — Despiértanse a las 6 a. m., no *se despierten* tarde.
4. pensar — Piensen en cosas positivas, no *piensen* en problemas.
5. volver — Vuelvan con sus hermanos, no *vuelvan* muy tarde.
6. seguir — Sigan cantando, no *sigan* gritando.

B. Conjuga el verbo irregular del infinitivo al imperativo plural (*ustedes*).

Ejemplo:

| pagar | *Paguen* | la cuenta, pero no la | *paguen* | en efectivo. |

1. | buscar | *Búsquen* | una casa, pero no la | busquen | muy cara. |
2. | platicar | Platiquen | con sus amigos, pero no | platiquen | en inglés. |
3. | jugar | Jueguen | en el club, pero no | jueguen | en la calle. |
4. | entregar | Entreguen | las tarjetas hoy, no las | entreguen | mañana. |
5. | explicar | Expliquen | el plan a todos, no lo | expliquen | en francés. |
6. | cruzar | Crucen | la calle con cuidado, no | crucen | sin fijarse. |
7. | memorizar | Memoricen | estas reglas, no | memoricen | ésas. |
8. | organizar | Organicen | una excursión, pero no la | organicen | este sábado. |
9. | conjugar | Conjuguen | los verbos, pero no los | conjuguen | en presente. |

Vamos a fijar la fecha de la sita.

c) Posición de los pronombres

Utilizamos seis formas, de acuerdo con el tipo de pronombres, para que interactúen con el imperativo plural (*ustedes*):

Afirmativa	*Negativa*
Verbo (acentuado) + Pronombre	*No* + Pronombre + *Verbo*

1. Directo:

Contar el chiste.

| ¡Cuéntenlo! | ¡No lo cuenten! |

2. Indirecto:

Poner azúcar al café.

| ¡Pónganle! | ¡No le pongan! |

3. Reflexivo:

Cambiarse de ropa.

| ¡Cámbiense! | ¡No se cambien! |

4. Indirecto + directo:

Explicar la lección.

| ¡Explíquensela! | ¡No se la expliquen! |

5. Reflexivo + directo:

Pedir la cuenta al mesero.

| ¡Pídansela! | ¡No se la pidan! |

6. Reflexivo + indirecto:

Rebelarse a él.

| ¡Rebélensele! | ¡No se le rebelen! |

Ejercicios 13.2

A. Sustituye el objeto directo por su pronombre correspondiente en imperativo plural (*ustedes*) en forma de órdenes afirmativas.

Ejemplo: Cuelguen su ropa.   *¡Cuélguenla!*

1. Envuelvan el regalo.   ¡Envuélvanlo!
2. Cierren el libro.   ¡Ciérrenlo!
3. Sirvan el postre.   ¡Sírvanlo!
4. Pidan la cuenta.   ¡Pídanla!
5. Despierten a los niños.   ¡Despiértenlos!
6. Sigan las instrucciones.   ¡Síganlas!
7. Memoricen los verbos.   ¡Memorícenlos!
8. Organicen la fiesta.   ¡Organícenla!
9. Conozcan lugares interesantes. ¡Conózcanlos!
10. Traduzcan las preguntas.   ¡Tradúzcanlas!
11. Hiervan el agua.   ¡Hiérvanla!

12. Consigan la revista.   ¡Consíganla!
13. Prueben los tamales.   ¡Pruébanlos!
14. Recuerden el teléfono de la escuela.   ¡Recuérdanlo!

B. Completa las oraciones con algunos consejos en las siguientes situaciones.

Ejemplo: Si tienen tos,   _tomen miel con limón_

1. Si quieren viajar, aprendan algunos otros idiomas.
2. Si llegan tarde, entren silenciosamente.
3. Si la computadora no funciona, apáguenla y enciéndenla de nuevo.
4. Si no tienen llave, toquen el timbre
5. Si no le entienden al maestro, díganle.
6. Si les duele el estómago, eviten comer durante unas horas.
7. Si se les acabó el dinero, hagan actividades gratuitas.
8. Si tienen examen, estudien antes.
9. Si quieren ganar mucho dinero, encuentren un trabajo con un salario alto.
10. Si quieren aprender a bailar, no hagan lo que yo hago.

C. Conjuga los verbos del infinitivo al imperativo plural (*ustedes*) en afirmativo y negativo. Sustituye los pronombres correspondientes.

Ejemplo:

estarse	*Esténse*	quietos, no	*se estén*	peleando.
1. vestirse	Vístinse	con ropa formal, no	se vistan	con jeans.
2. oír	oigan	música, pero no	oigan	muy fuerte.
3. traer	Traigan	a dos o tres amigos, no	los traigan	a todos.
4. distribuir	Distribuyan	los libros mañana, no	los distribuyan	hoy.
5. dar	Dénselas	las medicinas a ellas, no	se las den	a los niños.
6. producir	Prodúzcanlos	portafolios de piel, no	los produzcan	de plástico.
7. ir	Vayan	por la comida, no	vayan	por el pastel.
8. traducir	Traduzcan	las cartas a José, no	se las traduzcan	en inglés.
9. ser	Sean	muy profesionales, no	Sean	mediocres.
10. poner	Pongan / Póngansela	pimienta a la carne, no	se la pongan	al pescado.

11. | hacer | Háganse la   la   le   la fiesta a Andrea, no se la hagan en la tarde.

12. | decir | Díganla   la respuesta correcta, no la digan la incorrecta.

D. Contesta las siguientes preguntas en imperativo plural (*ustedes*) afirmativo y negativo, usando los pronombres posibles.

Ejemplo: ¿A quién le damos la solicitud?

(*afirmativo*)   *Dénsela a Pilar.*

(*negativo*)   *No se la den a Juan.* | "Bimbo" |

1. ¿Cuáles verbos conjugamos?

(*afirmativo*) _____

(*negativo*) _____ | regulares |

2. ¿Qué contestamos en el examen?

(*afirmativo*) _____

(*negativo*) _____ | copiar |

3. ¿Le damos nuestra dirección a Mónica?

(*afirmativo*) _____

(*negativo*) _____ | teléfono |

4. ¿A dónde le mandamos la información?

(*afirmativo*) _____

(*negativo*) _____ | domingo |

5. ¿Qué compramos para la fiesta?

(*afirmativo*) _____

(*negativo*) _____ | tacos |

6. ¿Le explicamos a Laura el programa hoy?

(*afirmativo*) _____

(*negativo*) _____ | mañana |

7. ¿Qué le regalamos a David?

(afirmativo) _____

(negativo) _____ | perro |

8. ¿A quiénes les vendemos el coche?

(afirmativo) _____

(negativo) _____ | crédito |

E. Escribe algunos consejos que le darías a tus hermanos adolescentes que van a acampar en el bosque. Usa el imperativo plural (ustedes).

1. *Lleven su bolsa para dormir:* _____

2. _____

3. _____

4. _____

5. _____

6. _____

7. _____

8. _____

F. Escribe algunas órdenes o prohibiciones que le darías a tus hermanos adolescentes que van a acampar en el bosque. Usa el imperativo plural (ustedes).

1. *¡No beban cerveza!:* _____

2. _____

3. _____

4. _____

5. _____

6. _____

7. _____

8. _____

14

¡Cantemos y bailemos!

Objetivo específico:

- *El estudiante aprenderá a expresar una invitación a las personas presentes para realizar una acción, incluyéndose él mismo.*

FORMA EXHORTATIVA

El imperativo en la forma exhortativa se forma de la 1a. persona del plural "nosotros" del presente simple del subjuntivo.

(*Nosotros*)

- Juguemos.
- Conozcamos.
- Oigamos.

Cuando son órdenes o prohibiciones, en frases cortas, se acostumbra encerrarlas con los signos de admiración (¡ !).

a) Con verbos regulares

Terminados en:	**-ar** Bailar	**-er** Comer	**-ir** Salir
Terminación afirmativa	**...emos** ¡Bailemos!	**...amos** ¡Comamos!	**...amos** ¡Salgamos!
Terminación negativa	No + ...emos ¡No bailemos!	No + ...amos ¡No comamos!	No + ...amos ¡No escribamos!

b) Con verbos irregulares

- Cambian *e* por *i*:

Infinitivo	Afirmativo	Negativo
Despedir	Despidamos	No despidamos
Divertir	Divirtamos	No divirtamos
Freír	Friamos	No friamos
Hervir	Hirvamos	No hirvamos
Mentir	Mintamos	No mintamos
Pedir	Pidamos	No pidamos
Reír	Riamos	No riamos
Repetir	Repitamos	No repitamos
Seguir	Sigamos	No sigamos
Sonreír	Sonriamos	No sonriamos
Sentir	Sintamos	No sintamos
Vestir	Vistamos	No vistamos

- Cambian *o* por *u*:

Infinitivo	Afirmativo	Negativo
Dormir	Durmamos	No durmamos
Morir	Muramos	No muramos

- Muy irregulares:

Infinitivo	Afirmativo	Negativo
Saber	Sepamos	No sepamos
Ser	Seamos	No seamos
Corregir	Corrijamos	No corrijamos
Ir	Vayamos	No vayamos

- La forma exhortativa del verbo "ir" o "irse" no es común, más bien se usa el presente simple de la 1a. persona del plural "nosotros".

| ¡Vamos | + | a | + | infinitivo! |

Ejemplos
¡Vamos   a   *celebrar!*
¡Vamos   a   *comer!*
¡Vamos   a   *divertirnos!*

- La forma exhortativa del verbo "ir" se conjuga así:

Afirmativa:	Negativa:
Vayamos	No vayamos

Ejemplo:

Vayamos al centro ahora.   *No vayamos al centro ahora.*

- Los verbos siguientes, terminados en -car, -gar y -zar, presentan un cambio ortográfico, que es el mismo en afirmativo y en negativo:

Infinitivo

-*car*		-*gar*		-*zar*	
Buscar	Busquemos	Ahogar	Ahoguemos	Almorzar	Almorcemos
Educar	Eduquemos	Cargar	Carguemos	Cazar	Cacemos
Explicar	Expliquemos	Conjugar	Conjuguemos	Cruzar	Crucemos
Pescar	Pesquemos	Entregar	Entreguemos	Memorizar	Memoricemos
Platicar	Platiquemos	Jugar	Juguemos	Organizar	Organicemos
Practicar	Practiquemos	Llegar	Lleguemos	Simpatizar	Simpaticemos
Tocar	Toquemos	Pagar	Paguemos		

Ejercicios 14.1

A. Escribe una oración en presente perifrástico y después cámbiala a la forma exhortativa, utilizando el complemento señalado.

almorzar	*Vamos a almorzar*	*¡Almorcemos ahora!*	ahora
1. organizar	Vamos a organizar	Organizemos	una fiesta
2. tocar	Vamos a tocar	Toquemos	la guitarra
3. pagar	Vamos a pagar	Paguemos	en efectivo

4.	memorizar	Vamos a memorizar	Memoricemos	los verbos
5.	conocer	Vamos a conocer	Conozcámos	al bebé
6.	distribuir	Vamos a distribuir	Distribuyamos	los folletos
7.	traducir	Vamos a traducir	Traduzcamos	la carta
8.	hacer	Vamos a hacer	Hagamos	la cena
9.	ser	Vamos a ser	Seamos	atentos
10.	tener	Vamos a tener	Tengamos	paciencia

B. Construye nuevas oraciones afirmativas y negativas en la forma exhortativa con dos complementos distintos.

Ejemplo:

Afirmativo   Almorcemos huevos rancheros.

Negativo   No almorcemos muy tarde. | almorzar |

1. Afirmativo _____

   Negativo _____ | organizar |

2. Afirmativo _____

   Negativo _____ | tocar |

3. Afirmativo _____

   Negativo _____ | pagar |

4. Afirmativo _____

   Negativo _____ | memorizar |

5. Afirmativo _____

   Negativo _____ | conocer |

6. Afirmativo _____

   Negativo _____ | distribuir |

7. Afirmativo _____

   Negativo _____ | traducir |

8. Afirmativo _____

   Negativo _____ | hacer |

9. *Afirmativo* _____	
Negativo _____	*ser*
10. *Afirmativo* _____	
Negativo _____	*tener*

c) **Posición de los pronombres**

Utilizamos cuatro formas de acuerdo con el tipo de pronombres para que interactúen con la forma exhortativa:

Afirmativa	*Negativa*
Verbo (acentuado) + Pronombre	*No* + Pronombre + *Verbo*

1. Directo:

Estudiamos los verbos.

¡Estudiémoslos!	¡No los estudiemos!

2. Indirecto:

Explicamos a José.

¡Expliquémosle!	¡No le expliquemos!

3. Reflexivo:

Ponerse la blusa.

¡Pongámonosla!	¡No nos la pongamos!

4. Indirecto + directo:

Decimos la verdad a él.

¡Digámosela!	¡No se la digamos!

- Pierden la "s" final en los casos 2, 3 y 4.

Ejercicios 14.2

A. Contesta con la forma exhortativa en afirmativo y negativo y usa el pronombre indirecto más el directo.

Afirmativo	Negativo
Ejemplo: ¿Les explicamos las instrucciones a ellas?	
Sí, expliquémoselas.	*No se las expliquemos.*

1. ¿Le corregimos el examen a Neil?

    Corríjámoselo | No se lo corrijamos

2. ¿Les freímos el pescado a los niños?

    Friámoselo. | No se lo friamos.

3. ¿Les pedimos un taxi a las muchachas?

    Pidámoselo. | No se lo pidamos,

4. ¿Le repetimos los verbos irregulares a Kathy?

    Repitámoselos, | No se los repitamos,

5. ¿Les "damos una mano" a ellos?

    Démosela. | No se la demos.

6. ¿Le hacemos una fiesta a tu mamá?

    Hagámosela. | No se la hagamos.

B. Contesta con la forma exhortativa en afirmativo y negativo y usa los pronombres reflexivos y directos.

Afirmativo	Negativo
Ejemplo: ¿Nos ponemos el saco de lana?	
Sí, pongámonoslo.	*No nos lo pongamos.*

1. ¿Nos levantamos temprano?

    Sí, Levantémonos, | No nos levantemos,

2. ¿Nos cambiamos de ropa?

    Sí, cambiémonosla | No la nos cambiemos

3. ¿Nos probamos los pantalones?

    Sí, pruebémolos. | No los pruebemos.

4. ¿Nos dormimos a las 11 p. m.?

    Sí durmámonos, a las 11 | No nos durmamos a las 11.

5. ¿Nos reímos de los chistes?

Sí, riámonos de los chistes | No nos riamos de los chistes.

6. ¿Nos divertimos con estos juegos?

_____|_____

C. Sustituye el objeto directo por su pronombre correspondiente en la forma exhortativa afirmativa.

Ejemplo: Colguemos tu ropa.   *¡Colguémosla!*

1. Envolvamos el regalo.   _____
2. Cerremos el libro.   _____
3. Sirvamos el postre.   _____
4. Pidamos la cuenta.   _____
5. Despertemos a los niños.   _____
6. Sigamos las instrucciones.   _____
7. Memoricemos los verbos.   _____
8. Organicemos la fiesta.   _____
9. Conozcamos lugares interesantes.   _____
10. Traduzcamos las preguntas.   _____
11. Hirvamos el agua.   _____
12. Consigamos la revista.   _____
13. Probemos los tamales.   _____
14. Recordemos el teléfono de la escuela. _____

D. Tú y un amigo están en un restaurante. Contesta las preguntas usando la forma exhortativa y los pronombres correspondientes.

Ejemplo: ¿Qué le pedimos al mesero?

Pidámosle el menú.

1. ¿A qué hora reservamos la mesa?

Resevemosla a las 2.0 las 7,

2. ¿Dónde nos sentamos?

Sentemonos cerca de la puerta.

3. ¿Qué pedimos de tomar?

Pidamos cerveza.

4. ¿Pedimos el postre ahora?

No lo pidamos hasta despues de la cena.

5. ¿Le decimos al mesero que la carne está cruda?

Sí, digamoselo.

6. ¿Le ponemos aceite de oliva a la ensalada?

Sí, pongamoselo.

7. ¿Ya pedimos la cuenta?

Sí, pidamosla

8. ¿Le dejamos propina al mesero?

Sí, dejemosela.

9. ¿Pagamos con tarjeta de crédito?

Sí, pagemos con tarjeta

E. Contesta las siguientes preguntas en la forma exhortativa afirmativa y negativa.

Ejemplo: ¿Qué hacemos?

(afirmativa)   *¡Juguemos dominó!*

(negativa)   *¡No juguemos tenis!*

1. ¿Qué compramos?

(afirmativa)   _____

(negativa)   _____

2. ¿A quién visitamos?

(afirmativa)   _____

(negativa)   _____

3. ¿Nos vamos o nos quedamos?

(afirmativa)   _____

(negativa)   _____

4. ¿Traducimos los folletos o las cartas?

(afirmativa)   _____

(negativa)   _____

5. ¿Construimos la casa este año?

(afirmativa)   _____

(negativa)   _____

6. ¿Le mentimos o le decimos la verdad?

(afirmativa)   _____

(negativa)   _____

7. ¿Vamos al cine o al centro?

(afirmativa) _____

(negativa) _____

8. ¿Dónde nadamos?

(afirmativa) _____

(negativa) _____

9. ¿Le creemos a Luisa o a Elena?

(afirmativa) _____

(negativa) _____

10. ¿Cuál teléfono le damos?

(afirmativa) _____

(negativa) _____

11. ¿Qué les organizamos?

(afirmativa) _____

(negativa) _____

12. ¿A dónde le mandamos las flores?

(afirmativa) _____

(negativa) _____

15

¡Que hablen más español!

EL IMPERATIVO INDIRECTO

El imperativo indirecto se emplea para trasmitir una orden o un deseo a una tercera(s) persona(s).

Cuando son órdenes o prohibiciones, en frases cortas, se acostumbra encerrarlas con los signos de admiración (¡ !).

Se emplea la conjunción "que" más la terminación del presente simple del subjuntivo.

Infinitivo	→	Subjuntivo =	Imperativo indirecto
Estudi**ar**	→	Estudi**e**	¡Qué estudie!
Aprend**er**	→	Aprend**a**	¡Qué aprenda!
Escrib**ir**	→	Escrib**a**	¡Qué escriba!

NOTA: El sujeto que da la orden no se menciona.

(La maestra dice)
– Que memoricen los verbos.
– Que no fumen aquí.
– Que lean en español.

**PRESENTE SIMPLE
DEL SUBJUNTIVO**

Verbos regulares terminados en:

Sujeto	-ar	-er	-ir
Yo	…e	…a	…a
Tú	…es	…as	…as
Él-ella-usted	…e	…a	…a
Nosotros	…emos	…amos	…amos
Ellos-ellas-	…en	…an	…an

	Estudiar	Aprender	Escribir
Yo	Estudie	Aprenda	Escriba
Tú	Estudies	Aprendas	Escribas
Él-ella-usted	Estudie	Aprenda	Escriba
Nosotros	Estudiemos	Aprendamos	Escribamos
Ellos-ellas-ustedes	Estudien	Aprendan	Escriban

Ejercicios 15.1

A. Cambia del imperativo directo al imperativo indirecto.

Recuerda: | Que | + | Verbo (subjuntivo) | + | Complemento |

Ejemplo: ¡Resuelve el problema!

¡Que resuelvas el problema!

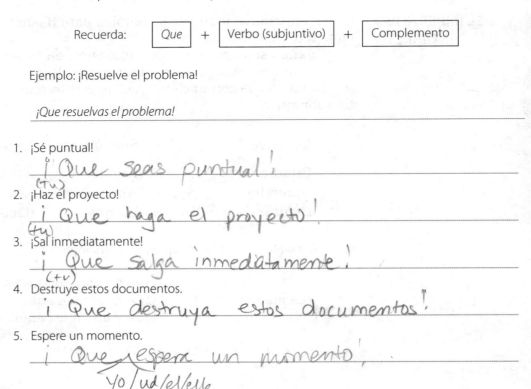

1. ¡Sé puntual!

   ¡Que seas puntual! (tú)

2. ¡Haz el proyecto!

   ¡Que haga el proyecto! (tú)

3. ¡Sal inmediatamente!

   ¡Que salga inmediatamente! (tú)

4. Destruye estos documentos.

   ¡Que destruya estos documentos!

5. Espere un momento.

   ¡Que espera un momento! yo/ud/el/ella

6. ¡Tenga cuidado!   *Ud   yo/ud/el/ella*
   ¡Que tenga cuidado!

7. Venga con su familia   *(Ud.)*
   ¡Que venga con mi/su familia.

8. ¡Traduzca el mensaje!   *(Ud.)*
   ¡Que traduzca el mensaje!

9. ¡Obedezcan las señales!   *Uds   (signs)*
   ¡Que obedezcamos/obedezcan las señales.

10. Estén aquí temprano.   *(Uds)*
    ¡Que estemos/estén aquí temprano.

11. Vuelvan el próximo año.   *vuelvan*
    Que volvamos el próximo año.

12. ¡Cierren la oficina!   *Uds*
    ¡Que cerremos/cierren la oficina!

13. ¡Pide una factura!   *tu   pidas*
    ¡Que pida/ una factura!

B. Cambia del imperativo directo al imperativo indirecto, usando los pronombres directos.

| Que | + | Pronombre (directo) | + | Verbo (subjuntivo) | + | Complemento |

Ejemplo: ¡Firma el contrato!

¡Que lo firmes hoy!

1. ¡Ve esta película mexicana!   *tu   la*
   ¡Que la vea!

2. ¡Paga las revistas!   *tu*
   ¡Que las pague!

3. ¡Diga la verdad!   *Ud.*
   ¡Que la diga!

4. ¡Oiga estos diálogos!   *Ud.   los*
   ¡Que los oiga!

5. ¡Memoricen los pronombres!   *Uds*
   ¡Que los memoricemos/memoricen!

6. ¡Traduzcan las oraciones!   *Uds*
   ¡Que las traduzcamos/traduzcan!

7. ¡No hagas los dibujos! *(tú)*
¡Que no los haga!

8. ¡No borres este archivo! *(erase) (tú)*
¡Que no lo borre!

9. ¡No lea esa clase de revistas! *(Ud)*
¡Que no las lea!

10. ¡No cuente ese chiste! *(Ud) (él)*
¡Que no lo cuente!

11. ¡No tiren los papeles! *(Uds)*
¡Que no los tiremos/ tiren!

12. ¡No traigan su pasaporte! *(Ud) (él)*
¡Que no lo traigamos/ traigan!

Que	+	Pronombre (indirecto)	+	Pronombre (directo)	+	Verbo	+	Complemento

Ejemplo: ¡Dile la verdad!

¡Que se la digas!

1. ¡Entrégame tu solicitud! *(tú) la (application)*
¡Que se la entregue!

2. ¡Véndele tu coche! *(venda?) (él)*
¡Que se le vende!

3. ¡Explíquenos los pronombres! *(Ud)*
¡Que se los explica!

4. ¡Págueles la deuda! *(Ud)*
¡Que se la pague!

5. ¡Háganle el pastel! *(Uds)*
¡Que se lo hagamos/ hagan!

6. ¡Organícenles la fiesta! *(Uds)*
¡Que se la organicemos/ organicen!

Que	+	Pronombre (reflexivo)	+	Pronombre (directo)	+	Verbo	+	Complemento

Ejemplo: ¡Cámbiate de ropa!

¡Que te la cambies!

remove   ring
1. ¡Quítate los anillos!

¡Que me los quite!

2. ¡Sécate el pelo!

¡Que me lo seque!

3. ¡Tómese las pastillas!

¡Que me las tome!

Ud
4. ¡Cómprese la fruta!

¡Que me la compre! / Que se la compre.

Uds
5. ¡Desayúnense cereal!

¡Que nos lo desayunemos / Que se lo desayunen!

Uds
6. ¡Lávense las manos!

¡Que nos las lavemos! / ¡Que se las laven!

C. Tomás prefiere que otras personas hagan los trabajos que su papá le ordena. Forma las oraciones con el imperativo indirecto y escribe las órdenes de su papá y la contestación de Tomás.

Ejemplo: Barrer el patio.

Papá:	tu ¡Tomás, barre el patio!	
Tomás:	yo/el No quiero; que lo barra Saúl.	Saúl

1. Sacar la basura.

Papá:	¡Tomás, saca la basura!	
Tomás:	No quiero; que la saquen Cristina y Ana!	Cristina y Ana

water
2. Regar las plantas.

Papá:	¡Tomás, riega las plantas!	
Tomás:	No quiero; que las rieguen David y Susana.	David y Susana

3. Pintar la recámara

Papá:	¡Tomás, pinta la recámara!	
Tomás:	No quiero; que la pinte el pintor.	el pintor

cut the grass
4. Cortar el pasto.

Papá:	Tomás, corta el pasto!	
Tomás:	No quiero; que lo corten Jorge y Pablo.	Jorge y Pablo

Vacuum

5. Aspirar la sala.

| Papá: | ¡Tomás, aspira la sala! |
| Tomás: | No quiero; que la aspire Elena! |

Elena

garaje

6. Limpiar la cochera.

| Papá: | ¡Tomás, limpia la cochera! |
| Tomás: | No quiero; que la limpie Pedro. |

Pedro

7. Lavar tu *la* ropa.

| Papá: | ¡Tomás, lava tu ropa! |
| Tomás: | No quiero; que la lave la sirvienta! |

la sirvienta

8. Secar el baño

| Papá: | ¡Tomás, seca el baño! |
| Tomás: | No quiero; que lo seque Lucy! |

Lucy

9. Lavar los trastes. *dishes*   *trastes also means: old, useless things.*

| Papá: | ¡Tomás; lava los trastes! |
| Tomás: | No quiero; que los lave mi hermana. |

mi hermana

D. La familia López está planeando ir de vacaciones a una playa. Forma las preguntas con los siguientes verbos y contéstalas en forma libre.

Ejemplo: Comprar los boletos.

¿Quién va a comprar los boletos?

Que los compre Laura.

1. Pagar la gasolina.

¿Quién va a comprar los boletos?
¡Que las pague mi hermano!

2. Traer bloqueador solar.

¿Quién va a traer bloqueador solar?
Que lo traiga Papá.

3. Comprar alimentos.

¿Quién va a comprar alimentos?
Ques los compren Diana y Anita.

4. Llevar las bebidas.

¿Quien va a llevar las bebitas?
Que las lleve mamá.

5. Traer la guía turística.

¿Quien va a traer la guia turistica?
Que la traiga José.

6. Lavar la camioneta.

¿Quien va llavar la camioneta?
Que la lave papá.

7. Buscar un mapa.

¿Quien va a buscar un mapa?
Que lo busque Jaime.

8. Hacer las reservaciones.

¿Quien va a hacer los reservacimes?
Que las haga mamá.

E. Laura no quiere colaborar con sus compañeros de clases en un proyecto de ciencias. Escribe lo que Laura propone que hagan sus compañeros, usa el imperativo indirecto.

Ejemplo: No quiero dedicarme a las ciencias.

Que participen los demás. | los demás |

1. No quiero colaborar en el proyecto.

_____ | mis amigos |

2. No me interesa hacer las gráficas.

_____ | Elisa |

3. No voy a consultar la bibliografía.

_____ | Teresa y Elena |

4. No deseo observar los experimentos en el laboratorio.

_____ | mis compañeros |

5. No pienso escribir el reporte.

_____ | Felipe |

6. No tengo ganas de investigar esas teorías.

_____ | Manuel |

II

Cursos culturales y vocabulario temático

Herbolaria mexicana

1

HISTORIA

Desde **tiempo inmemorial** el hombre ha recurrido a las plantas en busca de **curación** para sus males y alivio a sus dolores. Esa **búsqueda** lo ha hecho **profundizar** en el conocimiento de las especies vegetales que poseen propiedades medicinales y **ampliar** su experiencia en el empleo de los productos que de ellas se extraen.

Los mismos árboles, arbustos y hierbas que a través de los siglos sirvieron a herbolarios y curanderos para preparar **infusiones**, **bálsamos** y **emplastos** curativos proporcionan hoy día materia prima a la moderna industria farmacéutica; casi la mitad de los medicamentos que se **prescriben** actualmente proceden del reino vegetal.

En esta época, en la que el **consumo** individual de los medicamentos ha aumentado tanto, surge la **tendencia** a volver a las fuentes naturales para curar las enfermedades; no se trata de una moda, sino de la íntima necesidad de **adoptar** en todos los aspectos un sistema de vida más sencillo y **acorde** con la naturaleza.

Cuando Hernán Cortés llegó a México en 1519, no se encontró con una serie de tribus primitivas y **dispersas** como había supuesto, sino con un imperio extenso y rico, que contaba con formas **avanzadas** de gobierno, ciudades bien planificadas, un sistema de numeración y de escritura basado en pictogramas, y un alto nivel de conocimientos matemáticos, astronómicos, arquitectónicos y médicos, fundamentados estos últimos en una larga tradición herbolaria.

En **consonancia** con el interés y la sensibilidad que siempre habían mostrado los pueblos nahuas hacia las plantas, los emperadores aztecas **patrocinaban** el estudio de todos los aspectos de la flora de los territorios que iban conquistando, y hasta de los que quedaban fuera de su **hegemonía**. Mandaban **emisarios** a todos los rincones de su imperio con el encargo de recoger plantas raras y valiosas, y con ellas crearon verdaderos jardines botánicos en los que los médicos experimentaban nuevos remedios y los jardineros probaban nuevas variedades, incluso los artesanos reproducían las especies más llamativas en los frescos que adornaban las paredes de los palacios y en los códices, donde se llevaba el registro de todo acontecimiento notable.

A la caída de Tenochtitlan, algunos de los jardines botánicos aztecas se salvaron de la destrucción gracias a la admiración que despertaron en los conquistadores. En 1570, el rey Felipe II envió a su médico personal para que estudiara y catalogara las plantas de Nueva España. Desgraciadamente gran parte de su manuscrito, ilustrado por pintores indígenas, se perdió en el incendio de El Escorial, en 1671, pero lo que de él quedó y las copias **fragmentarias** que antes se habían hecho han servido de base a muchos textos modernos sobre la flora mexicana.

Si bien los españoles procuraron conservar e impulsar los estudios botánicos en el Nuevo Mundo, lucharon en cambio por **abolir** los mitos y las prácticas mágicas y religiosas asociados a la herbolaria indígena por considerarlos "cosa de brujería". Aunque gran parte de la tradición prehispánica escrita desapareció en las **hogueras inquisitoriales**, algo llegó a conservarse gracias a los escritos que sobre los usos y las costumbres de estas tierras escribieron unos cuantos misioneros del siglo XVI, ayudados por indígenas que aprendieron a leer y escribir en español.

Usos

Albahaca: Los herbolarios recomiendan la infusión de hojas de albahaca para combatir las náuseas, los gases gastrointestinales y la disentería.

Anís: Se usa en forma de infusión para el dolor de **vientre**, empacho y fiebre inflamatoria.

Árnica: El uso más popular es en el tratamiento de heridas, inflamaciones internas o externas y la irritación de garganta. Se hierve toda la planta y con el agua se lava la parte infectada. En caso de inflamaciones y para deshacer moretones se recomienda tomarla.

Cártamo: Con las flores, picadas, se hace una infusión que se toma para estimular la sudación y bajar así la fiebre. Lo mejor del cártamo es el aceite, rico en grasas.

Epazote: Se recomienda la infusión de hojas de epazote como antiespasmódicas y diuréticas.

Estafiate: Se usa contra las lombrices, diarrea, reuma. Se toma como agua de **uso** después de hervir en un litro de agua un **manojo**.

Eucalipto: Del aceite esencial que se obtiene de las hojas y la resina se preparan jarabes y pastillas; y para aliviar la congestión bronquial, la tos y el asma se hacen inhalaciones con el vapor de las hojas en agua.

Guayabo: Las hojas y la corteza tienen propiedades astringentes.

Hierbabuena: La infusión de sus hojas se recomienda contra los gases gastrointestinales.

Hoja Santa: Se emplea la infusión para ayudar a eliminar los gases gastrointestinales y estimular la digestión.

Manzanilla: La infusión tiene efecto sedante y es **desinflamatoria**.

Menta: Principalmente se extrae el mentol, empleado en la industria farmacéutica por sus cualidades desinflamatorias.

Nopal: Las pencas asadas se emplean como cataplasmas para tratar afecciones bronquiales, quemaduras e inflamaciones de la piel. El extracto se recomienda a los diabéticos para reducir el nivel de glucosa en la sangre.

Orégano: Es digestivo, diurético y para cólicos mestruales.

Romero: Los farmacólogos opinan que el aceite esencial de romero, diluido, es eficaz contra los gases gastrointestinales.

Ruda: Es un eficaz antiespasmódico.

Sábila: Su jugo es un buen emoliente, también se emplea para curar heridas y quemaduras y el extracto actúa como purgante fuerte.

Salvia: La infusión de hojas de salvia se emplea para eliminar gases gastrointestinales, evitar la sudación excesiva, calmar alteraciones nerviosas y reducir la secreción de leche en las madres que están destetando a sus bebés.

Té limón: La infusión de las hojas se recomienda para estimular la digestión, ayudar a eliminar los gases gastrointestinales y aliviar los cólicos producidos por espasmos intestinales.

Tila: La infusión de flores se emplea como sedante.

Toronjil: Se emplea principalmente como antiespasmódico.

Vocabulario temático

Abolir: Derogar, invalidar, quitar.

Acorde: Conforme, afín.

Adoptar: Acoger, aceptar.

Agua de uso: Líquido que se toma con frecuencia.

Ampliar: Aumentar, agrandar, acrecentar.

Avanzadas: De vanguardia, las primeras.

Bálsamos: Calmantes, alivios.

Búsqueda: Averiguación, investigación, sondeo.

Consonancia: Armonía, conformidad.

Consumo: Uso, inercia, moda.

Curación: Alivio, tratamiento, mejoría.

Desinflamatoria: Que quita la inflamación.

Dispersas: Diseminadas, desparramadas.

Emisarios: Enviados, comisionados.

Emplastos: Cataplasmas, fomentos.

Fundamentados: Basados, cimentados.

Fragmentarias: Incompletas.

Hegemonía: Predominio, superioridad, influencia.

Hoguera inquisitorial: Lumbre en la que quemaban cosas o personas.

Infusiones: Cocimientos, bebidas.

Manojo: Puñado, unas cuantas hojas.

Tendencia: Propensión, directriz, preferencia.

Tiempo inmemorial: Que sucedió hace mucho tiempo.

Patrocinaban: Favorecían, auxiliaban, financiaban.

Prescriben: Ordenan, establecen, fijan.

Profundizar: Investigar intensamente, ahondar, penetrar.

Vientre: Estómago, panza, barriga.

138

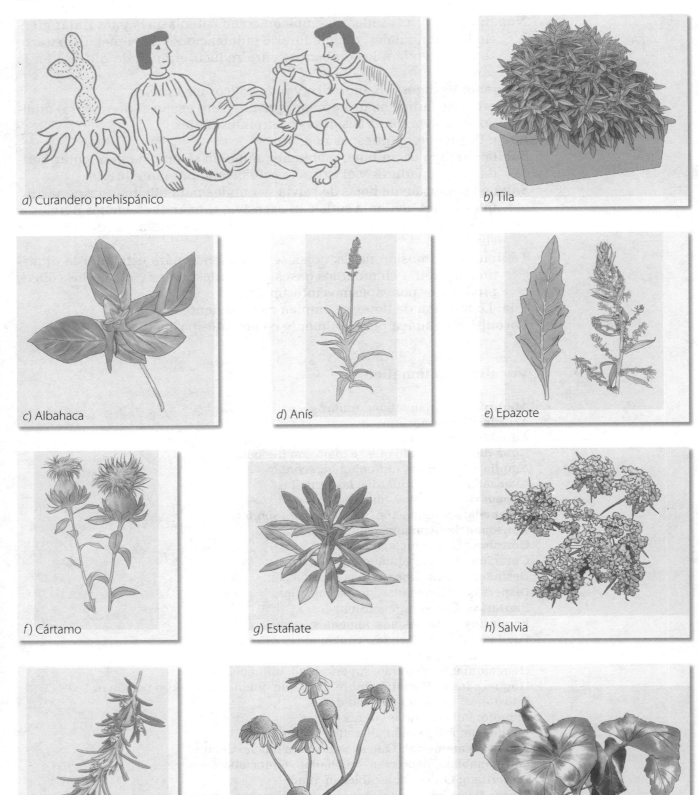

a) Curandero prehispánico

b) Tila

c) Albahaca

d) Anís

e) Epazote

f) Cártamo

g) Estafiate

h) Salvia

i) Romero

j) Manzanilla

k) Hoja santa

Día de Muertos

La muerte es uno de los hechos más **trascendentales** en la vida de los pueblos; por tal motivo, su culto es una de las manifestaciones importantes del hombre. **En consecuencia**, podemos encontrar que su celebración se encuentra **propagada** en diferentes culturas alrededor del mundo.

Existen **testimonios** arqueológicos de **sepulturas** rituales en Europa y Asia, algunos de los cuales se remontan a 70 000 años. Culturas importantes, como la china, árabe o egipcia, realizaban **ceremonias** que **ofrecían** a los muertos. En el continente americano existía el culto a la muerte antes de la llegada de los españoles.

La muerte ha sido celebrada de acuerdo con el proceso histórico en el que se ha **desenvuelto** cada cultura, es por eso que se pueden encontrar diferentes formas de celebrarla a través del tiempo y de los pueblos. Sin embargo, podemos encontrar un sentimiento religioso y una clara **preocupación** por el ¿qué después de la muerte?, que los individuos tienen desde **épocas remotas**.

Dentro de la religión católica encontramos que en el año 835 se **instituye** la fiesta de "Todos los Santos", para su celebración el 1o. de noviembre; 200 años después se **introduce el rito** para que al día siguiente, 2 de noviembre, se **conmemore** a los "Fieles Difuntos" (*Día de Muertos*), pidiendo a los Santos que **intercedan** por las almas del **purgatorio**, para que logren alcanzar la paz y el descanso eterno (el cielo).

Para los antiguos mexicanos, después de la muerte, **el alma** viajaba a otros lugares para seguir viviendo. Por ello, los entierros se hacían a veces con las **herramientas** y vasijas que los difuntos utilizaban en vida, y según su posición social y política, se les enterraba con sus acompañantes, que podían ser una o varias personas, o un perro.

El más allá para estas culturas es el trascender de la vida para estar en el espacio divinizado, el que habitaban los dioses. Todas las culturas tienen su mito del origen y sus mitos religiosos de la muerte.

Antes de la llegada de los españoles esta celebración se realizaba en el mes de agosto y **coincidía** con el final del **ciclo** agrícola del maíz, calabaza, garbanzo y frijol. Estos productos eran parte de la ofrenda.

Posteriormente **trasladaron** la **veneración** de sus muertos al calendario cristiano, pero en la tradición indígena y popular el día 1o. de noviembre se dedica a los muertos chiquitos (niños) y el 2 a los adultos.

"Los Fieles Difuntos", en la tradición occidental, es y ha sido un acto de **luto** y oración para que descansen en paz los muertos. Pero al ser tocada esa fecha por la tradición indígena se ha convertido en fiesta, en carnaval de olores, gustos y amores en el que los vivos y los muertos conviven **armoniosamente**.

El *Día de Muertos*, como culto **popular**, es un acto que lo mismo nos lleva al **recogimiento** y la oración que a la fiesta, sobre todo esta última, en la que la muerte y los muertos **deambulan** y hacen sentir su presencia cálida entre los vivos.

Con nuestros muertos también llega "su majestad la muerte"; es tan simple y tan **etérea** que con sus huesos y su sonrisa baja a la tierra y comparte con todos; ya que en esos días tiene permiso para regresar al mundo de los vivos.

Los rituales **reafirman** el tiempo sagrado, el tiempo religioso, y es la memoria colectiva. El ritual de las ánimas es un acto que **privilegia** el recuerdo sobre el olvido.

Hoy día, todavía vemos que el país y su gente se visten de muchos colores para venerar la muerte; la flor amarilla (cempasúchil), el blanco del alhelí, el rojo de la flor afelpada llamada pata de león.

Hacen peregrinaciones a los panteones, donde a veces pasan la noche, para acompañar a su difunto al que le llevan ofrendas y contratan músicos para que canten las canciones que eran sus preferidas.

Durante estos días, los panaderos hacen un pan de dulce especial, "pan de muerto", que sólo se consume durante esa semana.

Todo esto es el reflejo del **sincretismo** de dos culturas: la indígena y la hispana, que se impregnan y crean un nuevo lenguaje y una escenografía de la muerte y de los muertos.

La muerte vista por los mexicanos

Nos dice el escritor Juan José Arreola que "el pueblo mexicano, en su expresión artística, ha tomado a la muerte en **broma**".

Hay en México una verdadera **obsesión** por la muerte que deseamos ocultar o disimular: el terror a la muerte, tratando el tema con un lenguaje irrespetuoso y **desenfadado**.

El hombre se burla de la muerte para restarle importancia y poder; de esa manera, dominará mejor el miedo que le produce. Esta actitud le proporciona la ocasión para mostrar su valor ante tan terrible y temida realidad, **haciendo gala** de su **peculiar** humorismo.

En el lenguaje popular existen muchos nombres para la muerte: "la Pálida", "la Huesuda", "la Tilica", "la Parca", "la Pelona", entre otros, y muchas definiciones para morir: "estirar la pata", "colgar los tenis", "clavar el pico", "irse al otro barrio", etcétera.

Esencialmente humorísticos y populares son los esqueletos de cartón, las "calacas" de azúcar, las "calaveras" que se escriben el día de difuntos, los dibujos y grabados, las canciones y anécdotas que corren de boca en boca; haciendo **brotar la risa** y no el llanto.

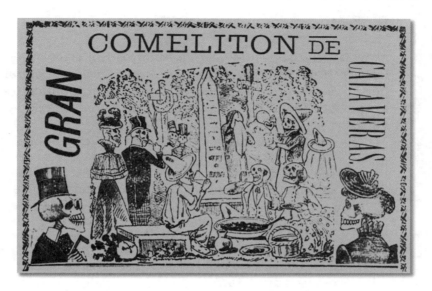

a) Festejo de "Día de Muertos". Basado en el grabado de José Guadalupe Posada: *Gran comelitón de calaveras.*

b) Calavera representativa del dios de la muerte, de sus mandíbulas entreabiertas salen volutas de la palabra (cultura maya-Chichén Itzá).

c) Dibujo basado en el grabado *La Catrina,* de José Guadalupe Posada.

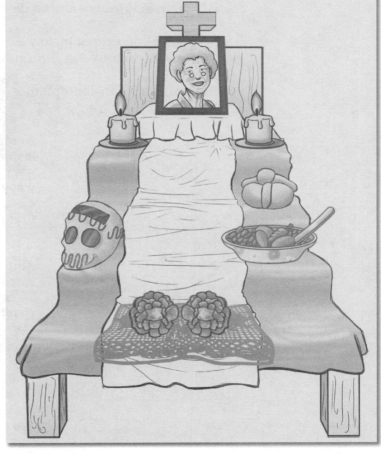

d) Ofrenda tradicional de un altar de Día de Muertos.

Las "calaveras"

Característicos del *Día de Muertos* son estos ingeniosos versos populares, satíricos y festivos que narran, en forma de **epitafio**, las acciones de personas vivas, sin respetar posición social, política o eclesiástica. Todas las personas las aceptan y hasta es un honor que se les haga este tipo de versos.

Se escriben en cuartetos en forma de versos libres. Ejemplos:

Ya sonaron las campanas,
de cementerios de Puebla.
Esqueletos salen con ganas
… a **darle gusto a la muela**.

La flaca no respeta postura,
de presidente o ciudadanos.
Los lleva a la sepultura
… con botana de gusanos.

De ofrenda tan sabrosa,
gustan la hojaldra y mole.
La calavera maldosa…
congestionó a toda la prole.

La parca quería con él,
le gustaba carne magra,
y dijo: yo me lo llevo,
¡sólo que se tome un viagra!

"Las calaveras" alcanzaron gran auge a principios del siglo XIX cuando el pintor José Guadalupe Posada ilustró en bellísimos grabados muchas de ellas.

Existen gran cantidad de refranes populares como:

- "El muerto al pozo y el vivo al gozo."
- "El muerto a la sepultura y el vivo a la travesura."

Además, en los epitafios de algunas tumbas se puede ver la misma actitud:

Aprended vivos de mí
lo que va de ayer a hoy.
Ayer como te ves fui
y hoy calavera soy.

Como me ves,
te verás.

Aquí yaces,
yaces bien.
Tú contento,
yo también.

El que una viuda mandó poner en la tumba de su esposo:

Señor recíbelo,
con el mismo gusto,
como con el que
yo te lo mando.

Por todo lo anterior, se dice que el supuesto desprecio del mexicano por la muerte se **matiza** con el culto que le profesa.

También en nuestro país se conserva la costumbre española de asistir, en esos días, a ver la obra de teatro *Don Juan Tenorio* del escritor José Zorrilla y que únicamente está en **cartelera** durante esos días, representada por actores serios, para su versión original, o actores cómicos, para una parodia de ella.

Detalles de un altar de muertos

La ofrenda que se presenta los días 1 y 2 de noviembre constituye un homenaje a un visitante distinguido, pues el pueblo cree sinceramente que el difunto a quien se dedica habrá de venir del "mas allá" a disfrutarlo.

El altar de muertos cuenta con diferentes símbolos que constituyen la tradición ritual que se dedica a ellos:

1. Fotografías o pinturas de personas o santos, para recordar a la persona en memoria de quien se está poniendo el altar en la casa.
2. Veladoras o velas, que representan a los muertos que se están recordando (la llama de la vela simboliza los espíritus del muerto y de los dioses).
3. Aguas frescas, para que los muertos calmen su sed. También se pueden colocar pulque, tequila y cigarros.
4. El típico pan de muerto y el dulce de calabaza (calabaza en tacha) para alimento de las almas.
5. Platillos de la cocina mexicana, que le gustaban al muerto en vida y tiene por objeto deleitar al ánima que nos visita.
6. Calaveras de azúcar, muy tradicionales, con el nombre del difunto en la frente.
7. Copal o incienso, resina vegetal que se quema en el incensario, para que las ánimas sepan llegar hasta la ofrenda que las espera.
8. Flores de cempasúchil, que representan el color de la muerte (amarillo).
9. Mantel, que representa pureza y alegría.

Todo esto con adornos de papel picado, en diferentes diseños, que es una muestra de la artesanía de nuestros pueblos.

Vocabulario

Armoniosamente: Agradablemente, con gusto.
Broma: Burla, tomar las cosas sin seriedad.
Brotar la risa: Comenzar a reír.
Ceremonias: Ritos formales que pueden ser sociales o religiosos.
Ciclo: Duración del tiempo necesario para que algo se realice.
Coincidía: Era en la misma fecha.
Conmemore: Recuerde, reviva.
Darle gusto a la muela: Comer.
Deambulan: Andan, están sin rumbo fijo.
Desenfadado: El que toma los actos a la ligera, sin profundizar.
Desenvuelto: Curso que toman las cosas.

El alma: El espíritu.

El más allá: Lo que está después de la muerte.

En consecuencia: Como resultado de una acción determinada.

Epitafio: Leyenda que se acostumbra poner sobre una tumba.

Épocas remotas: Muy antiguas.

Estar en cartelera: Que se está representando o exhibiendo.

Etérea: Sin cuerpo.

Haciendo gala: Confirmando, reafirmando.

Herramientas: Utensilios que se utilizan para los trabajos diarios.

Instituye: Se establece, se crea.

Intercedan: Pidan, medien, soliciten una acción a favor de otra persona.

Introduce el rito: Se crea o se implanta el culto o acto solemne.

Luto: Pena, tristeza.

Obsesión: Hacer las cosas por impulso, sin pensarlas.

Ofrecían: Que hacían, obsequiaban.

Peculiar: Particular, propio, característico.

Popular: Del pueblo.

Preocupación: Ansiedad, inquietud, nerviosismo.

Privilegia: Que hace más importante una cosa sobre otra.

Propagada: Difundida, esparcida.

Purgatorio: Sitio donde van las almas que no están calificadas para ir al cielo.

Reafirman: Consolidan, sostienen.

Recogimiento: Meditación.

Satíricos: Irónicos, punzantes.

Se matiza: Se ajusta.

Sepultura: Lugar donde se deposita el cuerpo de un muerto.

Sincretismo: Mezcla armoniosa de varios elementos.

Testimonio: Evidencia, certeza de que algo existió.

Trascendentales: Muy importantes.

Trasladaron: Cambiaron.

Veneración: Acto de recordar con devoción.

Día de Navidad

Si bien La Navidad es una tradición cristiana, puesto que celebra el nacimiento de Jesucristo; en cada país, región o localidad las festividades navideñas tienen **modalidades** e interpretaciones diferentes. En México, la Navidad ha alcanzado **matices** muy particulares. Las fiestas navideñas fueron introducidas en México a raíz de **la Conquista**.

Algunos autores han considerado la posibilidad, al igual que en muchas ceremonias mexicanas, que se trata de un sincretismo relacionado con el nacimiento de Huitzilopochtli. El supuesto sincretismo se basa en la **"Inmaculada Concepción"** de la sacerdotisa del templo de Coatepec (Coatlicue), que estaba barriendo cuando recogió una bolita de plumas que guardó en su regazo. Enseguida quedó **encinta** (de Huitzilopochtli), igual que la Virgen María quedó encinta de Jesús por obra y gracia del Espíritu Santo, y el hecho de que la fiesta dedicada a Huitzilopochtli caía en diciembre, o sea cercana a la fecha de la Natividad de Jesús.

Huitzilopochtli **encarnaba** al sol, que garantiza otro año de vida, y en el momento de la resurrección de Cristo, surge el sol y se garantiza la posibilidad de la vida eterna. Sin embargo, poco se parecía la figura de Huitzilopochtli, **deidad** guerrera, **cruel** y **sanguinaria**, a Jesucristo, quien predicaba la paz y el amor al prójimo.

Los primeros evangelizadores supieron aprovechar todas las coincidencias para inculcar la nueva religión a los recién convertidos. Fray Pedro de Gante relata en 1528, sólo siete años después de la Conquista, cómo los indios de la **comarca** cantan y bailan la misma noche de Navidad: "Hoy nació el **redentor** del mundo."

En 1541, fray Toribio de Motolinía escribe sus memoriales, donde narra cómo los indios en Tlaxcala festejaban la Navidad en los primeros tiempos de la cristianización, en donde Huitzilopochtli ya había quedado en el olvido.

En sus reseñas se encuentran ya algunos elementos que siguen presentes en la Navidad mexicana: los cantos de villancicos, la **profusión** de luces y el "**Auto de** la Adoración de los Reyes Magos" que dio origen a las pastorelas (las posadas).

El **patriarca** José, acompañado de su esposa María, se pusieron en camino desde la ciudad de Nazaret a Belén para participar en un **censo**. Les tomó nueve días llegar a su destino y ahí, la Virgen estaba a punto de dar a luz a su hijo Jesús.

Al no encontrar lugar en el mesón, se tuvieron que **refugiar** en un establo que unas personas bondadosas les cedieron. Este evento se **conmemora** anualmente en iglesias y hogares de todo el mundo católico durante los días anteriores a la Nochebuena. En ningún lugar, sin embargo, los festejos son tan variados y tan coloridos como en las posadas mexicanas.

Estas posadas son una **"novena"**, son una actuación de la **penuria** que pasaron San José y la Virgen María para encontrar posada, y los llamamos "Los Santos Peregrinos". Al principio, todo el festejo se desarrollaba en los atrios de las iglesias y después se extendió a las calles y plazas. En el siglo XIX se encuentran firmemente instaladas en el interior de las casas. Todos caminaban con velas encendidas en la mano, entonando la letra de la **letanía** de la Virgen.

Al terminar el acto religioso, los participantes se dividían en dos grupos, unos adentro y los demás, la mayoría, fuera de una puerta cerrada. Los que habían quedado en el exterior representaban a la Virgen María y a San José y pedían posada, entonando versos, mientras que desde adentro contestaban, manifestando su desconfianza para dejar entrar a los desconocidos. Finalmente, se abría la puerta y todo el mundo entraba con gran alboroto, cantando, tocando flautas, y se echaban al aire cohetes. Después de unos momentos, los asistentes se arrodillaban para rezar alrededor del Nacimiento. Al terminar el canto religioso generalmente se daba gusto a los niños, se les ofrecía una piñata para que la rompieran.

Hoy día no difiere en el fondo el modo de celebrar las posadas, en las casas hay adornos y macetas de flores de Nochebuena, esta hermosa planta de brillantes hojas color rojo encendido, originaria de México, y que florece en diciembre, particularmente en Cuernavaca.

La piñata

Se originó en Italia y pocos años después de la Conquista, los misioneros la trajeron de España. Según noticias de ese tiempo, ni en España ni en Italia se adornaba el recipiente. El mexicano, tan creativo y de mentalidad tan artística, pronto empezó a adornar la **olla** para hacerla más atractiva. La piñata está hecha con un jarro de barro y decorada con **papel de China** de vistosos colores. Hay piñatas de todos tamaños, colores y figuras, pero la piñata clásica es la estrella.

La piñata se llena de **colación**, cacahuates y fruta de la estación. También hay cánticos para entonar mientras que el niño en turno trata de romper la piñata con un palo y los ojos vendados, para los adultos siempre hay "ponche", que es una bebida caliente hecha con frutas de la estación y canela y se le agrega un poco de ron (piquete).

Se ha querido dar un significado moral a la ruptura de la piñata. Según esto, tanto por su vistosidad como por las lujosas golosinas que esparce, representa al diablo quien atrae al hombre con placeres superfluos. La persona **vendada** sería la fe que es ciega y se encarga de destruir al **espíritu maligno**, el palo encarna la **virtud** que vence la tentación para que al final la fe triunfe. Por eso, la piñata en forma de estrella con siete picos, supuestamente significa los siete pecados Unidaditales.

En Navidad se acostumbra dar y recibir regalos y la piñata con su sabroso contenido es un agasajo para los niños. Desde hace más de 450 años generaciones de mexicanos han gozado y siguen gozando de las piñatas.

El Nacimiento

Los investigadores afirman que fue San Francisco de Asís quien concibió la idea de poner lo que hoy se conoce como "Nacimiento". Éste estaba conformado por un grupo de personas que reproducían en vivo la escena de la adoración de los pastores. Además de los **protagonistas**, la Virgen, San José, el Niño Dios y los pastores, había un burro y un buey, este acontecimiento data de 1223. Pronto las personas que caracterizaban la escena fueron sustituidas por figuras de barro, madera, porcelana, cera, etc., y las familias empezaron a colocar nacimientos en su casa.

En México se encuentran pinturas y **retablos** con escenas de la Navidad desde el siglo XVI. En la actualidad, los nacimientos son semejantes a los descritos. Tradicionalmente se pone el 16 de diciembre, fecha de la primera posada. El **pesebre** permanece vacío hasta la noche del 24 y es entonces, durante la última posada, cuando el Niño Dios se coloca en su lugar. En muchos lugares, se sigue anualmente el rito de poner el Nacimiento, junto o bajo el árbol de Navidad.

El Árbol de Navidad

El árbol era sagrado para las antiguas tribus germánicas. Al **incorporarse** a los ritos católicos, se asoció a los festejos del nacimiento de Jesús y se usó generalmente en todos los países de habla alemana. Fue hasta mediados del siglo XIX, cuando la costumbre se extendió a Inglaterra, a otras naciones europeas y a Estados Unidos. La primera noticia que se tiene en México es de 1878, sabemos que aquellos primeros "arbolitos" estaban profusamente iluminados y adornados con esferas y juguetes.

La fiesta de Nochebuena

Desde los inicios de las celebraciones en el siglo XVI, la Nochebuena se festejaba de manera parecida a como se hace en la actualidad. Antes se celebraba la "misa de aguinaldo" (en la mañana del día 25) y hoy día se acostumbra ir a la "misa de gallo" (a las doce de la noche del día 24).

La Nochebuena es una celebración estrictamente familiar. Es la última posada y es cuando el Niño Dios se coloca en su cuna. Si la familia asiste a la misa de gallo, a las 12 de la noche, la cena se **pospone** para el regreso. Al regresar se ofrece ponche caliente para el frío y se sientan alrededor de la mesa para disfrutar los **manjares** que se acostumbran preparar: pavo, bacalao, revoltijo, ensalada de Nochebuena, buñuelos, torrejas, frutas secas, mazapanes de almendra, etcétera.

La ventaja de cenar después de las doce de la noche es que se puede disfrutar de esta exquisita cena, ya que el 24 es de **abstinencia** y en Navidad, que es el 25, ya se puede comer y beber.

a) Cantando "La Letanía", procesión con "El Nacimiento".

b) Rompiendo "La piñata".

c) Árbol de Navidad con regalos y mesa para la cena.

Santa Claus

Personaje presentado a México en las primeras décadas del siglo xx. Su imagen en un trineo, **tirado** por renos, viene de los países nórdicos. Santa Claus trae los obsequios a los niños. Es un **personaje** que realmente existió, fue un obispo muy bondadoso que solía ayudar a los **oprimidos** con regalos en Asia menor durante el siglo iv.

Traído a Estados Unidos por los holandeses que ocuparon la isla de Manhattan (Nueva York), su nombre (San Nicolás) e indumentaria se fueron transformando, hasta volverse en el Santa Claus que actualmente conocemos, producto de la publicidad. Hoy día ya forma parte de la tradición mexicana y es esperado por todos los niños que quieren sus regalos.

Vocabulario

Abstinencia: Privación, ayuno, vigilia.
Auto de: Documento, escritura.
Censo: Registro, padrón, lista.
Colación: Dulce, golosina, caramelo.
Comarca: Región, zona, territorio.
Conmemora: Celebra, recuerda, revive.
Cruel: Brutal, inhumano, violento.
Deidad: Divinidad, ídolo, símbolo.
Encarnaba: Representaba, simbolizaba, significaba.
Encinta: Embarazada.
Espíritu maligno: Alma, energía, potencia que es mala y obra mal.
Incorporarse: Pasar a formar parte.
Inmaculada Concepción: Dar a luz sin contacto sexual previo.
La Conquista: Periodo en el que los españoles dominaron a los pueblos indígenas de América.
Letanía: Canto religioso interpretado por varias personas.
Modalidades: Maneras, características, particularidades.
Manjares: Alimentos muy especiales y buenos.
Matices: Tonos, diferentes coloraciones.
Novena: Nueve días, nueve personas, nueve jugadores, etcétera.
Olla: Cazuela o vasija de barro.
Oprimidos: Dominados, esclavos, agobiados.
Patriarca: Principal, supremo, preponderante.
Papel de China: Papel muy delgado y de colores muy fuertes.
Penuria: Escasez, carencia, necesidad.
Pesebre: Caballeriza, cuadra, corral, cajón.
Personaje: Figura, protagonista, héroe, intérprete.
Pospone: Aplaza, retrasa.
Profusión: Abundancia, exceso.
Protagonistas: Personajes, intérpretes.
Redentor: El que salva, libera, protege.
Refugiar: Albergar, guarecer, proteger.
Retablos: Pinturas que representan algún suceso.
Sanguinaria: Salvaje, cruel, horrible.
Tirado: Arrastrado o jalado por.
Vendada: Persona a quien se le cubren los ojos, para que no pueda ver.
Virtud: Bondad, moralidad, honradez, honestidad.

Los olmecas

4

HISTORIA   En las selvas de lo que ahora son Veracruz y Tabasco, hacia el año 1200 a. C. se establecieron los olmecas, que formaron la primera cultura mesoamericana, y por ello es considerada como la "cultura madre" de la civilización que por más de un milenio desarrollaron y fincaron las bases para el futuro de la región.

Su nombre deriva del náhuatl y significa "habitante del país del hule" (*olli* y *mecatl*), también se le conoce como "la boca del tigre" (*tenocelome*).

Esta región es muy **favorable** para la agricultura. Las lluvias son abundantes y las **crecientes de ríos caudalosos** fertilizan regularmente las tierras. Así, se pudo sostener una población numerosa, que estableció centros religiosos como los encontrados en San Lorenzo, La Venta y Tres Zapotes, y Laguna de Cerros.

Muchos avances logrados por los olmecas se **extendieron** por toda Mesoamérica. En lugares tan **apartados** entre sí, como Guerrero, el Valle de México, Oaxaca y la zona maya se pueden encontrar elementos culturales que **indudablemente** tienen origen olmeca, como la técnica para trabajar la piedra, la observación de los astros y el culto a ciertas deidades.

Es muy probable que el nacimiento de la escritura y del cálculo del tiempo también sea producto de esta civilización.

Hacia el año 300 a. C. los centros ceremoniales olmecas ya habían sido abandonados por sus pobladores, sin que sepamos qué provocó ese hecho. Sin embargo, para entonces ya se había difundido la influencia de la que llaman "cultura madre de Mesoamérica".

ECONOMÍA   Abundaban la cacería, la pesca de mariscos y peces. La agricultura debe haber sido una actividad común, relacionada con la siembra del maíz, el frijol y la calabaza, principal **sustento** de los grupos mesoamericanos.

Es probable que conocieran la domesticación del perro y el guajolote e iniciaran la **apicultura**.

CULTURA   Trabajaron con **esmerada** técnica y con refinado sentido artístico, tanto el **basalto** en **colosales** dimensiones, como el **jade** en exquisitas figurillas, hachas y cuentas.

El medio fundamental por el que los olmecas expresaron su ideología fue las esculturas monumentales, con las que representaban a sus gobernantes por medio de colosales cabezas.

Las esculturas olmecas constituyen un estilo; son el vehículo de expresión y el signo visible de una época de integración cultural. Los olmecas **esculpieron** sus cabezas de piedra de entre 1.5 y 3 metros de altura con una hechura perfecta (se conocen 17 de estas cabezas completas); enormes estatuas que representaban **gente deforme**, combinaciones de hombre con tigre, y otras finísimas figurillas.

La mayoría de las esculturas están realizadas en basalto, piedra que no se encuentra en la región, cuyos bloques debieron ser transportados desde distancias de más de 80 kilómetros.

También obtuvieron gran **relevancia** los altares macizos rectangulares de piedra, que eran en realidad tronos. En ellos se representaron varios temas que nos muestran la **visión** del mundo, las divinidades y las prácticas rituales del pueblo olmeca. También existen representaciones de actividades militares por medio de guerreros armados.

a) Cabeza monumental.   *b)* Mujer olmeca.

La arquitectura de los olmecas tuvo una gran influencia, pues fueron los primeros que construyeron **centros ceremoniales**, diseñados de manera que tuvieron una determinada orientación en relación con ciertos astros

ORGANIZACIÓN SOCIAL

Por la construcción de sus centros religiosos y el número de esculturas monumentales y de pequeñas dimensiones, se piensa que el gobierno era **teocrático**.

Se puede ver que sus dirigentes organizaron la vida religiosa alrededor de un alto **montículo**, dando origen a las pirámides como estructuras ceremoniales.

Los centros ceremoniales eran respetados y cuidados, estaban separados de las aldeas, que se localizaban en las cercanías de la sierra, donde la gente común y corriente realizaba sus actividades diarias.

Existen ejemplos de construcción de chozas de planta rectangular en adobe, pero el resto de las construcciones deben haber tenido muros de madera cubiertos de **barro**, en algunos casos, y techo de **palma**, iguales a los que se siguen construyendo en la actualidad.

En el centro religioso vivían únicamente los gobernantes, los sacerdotes y sus sirvientes. El pueblo se reunía en el centro sólo para las celebraciones religiosas y militares.

Vocabulario temático

Apartados: Lejanos, retirados, aislados.
Apicultura: Ciencia que estudia las abejas y su miel.
Barro: Masa o material que se hace con agua y arena o tierra.
Basalto: Roca volcánica de color negro o verde, muy dura.
Caudal: Cantidad de agua que tiene un río, presa o lago.
Centros ceremoniales: Lugares para realizar ritos: religiosos o civiles.
Colosales: Muy grandes, descomunales, enormes.
Creciente de río: Río que aumenta su caudal de agua.
Esculpieron: Tallaron, cincelaron, grabaron.
Esmerada: Cuidada, aseada, afinada.
Extendieron: Ampliaron, ensancharon, hicieron más grande.
Favorable: Bueno, propicio, adecuado.
Gente deforme: Personas malformadas, con defectos físicos.
Indudablemente: Sin lugar a dudas, cierto, seguro.
Jade: Piedra muy dura, cristalina, de aspecto jabonoso y diferentes colores.
Montículo: Colina, monte o cerro; pequeños.
Relevancia: Importancia, que llama la atención.
Sustento: Sostén, apoyo, alimento, comida.
Teocrático: Gobierno o sociedad que se rige por el mandato de los dioses.
Palma: Hoja de la palmera.
Visión: Aparición, punto de vista, enfoque.

5

Teotihuacan

HISTORIA   Teotihuacan está situado en un amplio valle, a 45 km de la Ciudad de México.

El origen de los fundadores de Teotihuacan es **incierto**, pues no existen escritos de esa zona, por lo cual los historiadores sólo pueden hacer **especulaciones** al respecto.

Se piensa que se fundó en el año 600 a. C. y a **diferencia** de otros centros religiosos, que estaban separados de las aldeas, la zona ceremonial de Teotihuacan estaba rodeada de una gran **concentración urbana** que, según los investigadores, tenía en su momento de apogeo entre 125 000 y 250 000 habitantes y ocupaba unos 20 km cuadrados. Era una de las cinco ciudades más pobladas en el mundo de aquella época.

En algún momento del siglo VII de nuestra era, el esplendor teotihuacano tuvo un **violento final**. La ciudad fue saqueada, quemada y deliberadamente destruida. Como en el caso de otras ciudades del periodo Clásico, no sabemos si los recursos naturales se agotaron y estalló una sangrienta lucha social, o si Teotihuacan fue derrotado por un pueblo más poderoso.

Cuando los aztecas llegaron al Altiplano a principios del siglo XIV, encontraron un **inmenso** centro religioso **abandonado** al que llamaron Teotihuacan. Tanta fue su impresión ante la grandeza del lugar, que pensaron que había sido construido por gigantes e inventaron el mito de que ahí se habían reunido los dioses para **asegurar** la existencia del mundo.

La reacción de los aztecas no fue **exagerada**. Teotihuacan es realmente el más **notable** de todos los centros religiosos de América. Cuesta trabajo creer que fue construido por un pueblo que no conocía las herramientas de metal, no tenía **bestias de carga** ni utilizaba máquinas para facilitar las obras de edificación.

Algunos especialistas creen que los teotihuacanos pertenecen al mismo **tronco racial** del que se desprendieron después los toltecas y los mexicas.

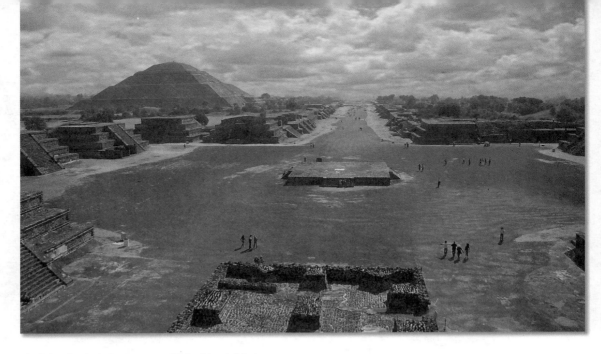

a) Calzada de los muertos y Pirámide del Sol.

b) Quetzalcóatl.

c) Máscara de jade.

d) Pinturas murales.

ECONOMÍA   Las tierras agrícolas que rodean Teotihuacan son buenas y en aquella época había en la zona **manantiales** permanentes.

Sin embargo, no es posible que esa región fuera la única fuente de alimentos para la ciudad. Es probable que los teotihuacanos cultivaran las zonas **húmedas** cercanas a los lagos del Valle de México y que utilizaran **chinampas** para sembrar.

Una fuente importante de riqueza fue el comercio. En Teotihuacan se fabricaba cerámica muy apreciada y había muchísimos talleres que producían instrumentos cortantes de obsidiana, que obtenían en los **yacimientos** de la región.

La dominación de Teotihuacan se extendió a muchas zonas de Mesoamérica. Unas estaban bajo autoridad directa, otras pagaban tributo a la gran ciudad. La influencia cultural fue muy fuerte y se advierte en Veracruz, entre los zapotecas y en la región maya. Como ejemplo, cerca de la actual ciudad de Guatemala se encuentra un centro ceremonial, que es casi una copia en **miniatura** de Teotihuacan.

CULTURA   Alrededor del año 500 de nuestra era, la cultura teotihuacana alcanzó su máximo esplendor y finalizó la construcción del centro ceremonial. Aunque éste fue edificado por etapas, fue planeado como conjunto, según lo indican la armonía y funcionalidad de la distribución de los edificios.

El conjunto ceremonial está formado por dos grandes pirámides, la del Sol y la de la Luna, y por templos, plataformas y lugares de residencia distribuidos a los lados de la larga Calzada de los Muertos.

El edificio mayor, la Pirámide del Sol, tiene lados de 215 metros, por lo que su base es **semejante** a la más grande de las pirámides egipcias. El interior está formado por millones de adobes y material de relleno, y su exterior es de grandes piezas de piedra, cortadas con exactitud para formar amplias escalinatas y planos verticales e inclinados.

La parte residencial de la ciudad ha sido investigada por los arqueólogos, quienes nos dicen que las casas eran amplias y estaban hechas de adobe, piedra y madera. No tenían ventanas hacia la calle, sino que los cuartos recibían la luz de un patio central. Las casas tenían numerosos cuartos, por lo que se piensa que eran habitadas por familias de muchos miembros que se dedicaban al mismo oficio.

En Teotihuacan están representadas en pinturas y esculturas las deidades que, bajo distintos nombres, fueron veneradas después por los otros pueblos mesoamericanos: las de la lluvia y el agua, el Sol y la Luna, y la serpiente emplumada llamada Quetzalcóatl por los aztecas, que representa a un dios civilizador, quien según el mito dio a los hombres la ciencia y la sabiduría.

Vocabulario temático

Abandonado: Dejado, sin habitantes.
Asegurar: Tener la seguridad, la certeza.
Bestias de carga: Animales (burros, mulas, bueyes) que se usan para cargar.
Chinampas: Pequeños islotes artificiales que preparaban para sembrar.
Concentración urbana: Reunión, muchedumbre.

Diferencia: Desacuerdo, oposición.
Especulaciones: Pensamientos o teorías sobre algo que no sabemos.
Exagerada: Recargada, excedida.
Húmedas: Con agua, mojadas.
Incierto: Desconocido, que no se sabe.
Inmenso: Muy grande.
Manantiales: Nacimientos de agua, orígenes, principios.
Miniatura: Reproducción en pequeño a una escala menor de algo.
Notable: Valioso, importante.
Semejante: Igual o parecido.
Sin embargo: A pesar de, no obstante.
Tronco racial: Centro de donde surgen diferentes ramas de algo común.
Violento final: Que se termina mal, impetuosamente.
Yacimientos: Depósitos, vetas, filones de algún mineral.

6

Los toltecas

Uno de los grupos **invasores** del norte que se **asentaron** en Mesoamérica fue el que dio origen al señorío tolteca de Tula.

Los invasores se **mezclaron** con la población de los valles del actual estado de Hidalgo, y hacia el año 1050 habían convertido a Tula en una gran ciudad, capital de un imperio que dominaba el centro de México y que extendía su **influencia** a regiones muy alejadas.

En su época de **apogeo**, Tula llegó a tener unos 40 000 habitantes, que practicaban la agricultura utilizando pequeños sistemas de represas y canales porque en esa región las lluvias no eran abundantes. Al parecer, las familias **emparentadas** entre sí construían sus **casas contiguas** y las separaban del exterior con un muro.

El centro ceremonial de Tula tiene pirámides, habitaciones y juegos de pelota. **Se distinguen** ahí grandes figuras de guerreros, llamados atlantes, y se construyó por primera vez un muro (el tzompantli) en el que se colocaban las cabezas de los sacrificados.

La guerra adquirió entre los toltecas mayor importancia que la que tenía en otras culturas. Es en Tula donde aparecen los militares profesionales, organizados en **sectas o hermandades** que se identificaban con ciertos animales: los guerreros águila, jaguar o coyote. También hay evidencia de que aumentó el número de sacrificios humanos, sobre todo el de **cautivos** de guerra. Este espíritu militarista fue característico de todas las culturas del Posclásico.

Los toltecas extendieron su influencia no sólo mediante la guerra, sino también a través del comercio. En Tula se trabajaban la **obsidiana** y la cerámica. Sus **artesanos admirables** tenían la fama de producir los objetos más bellos y complicados de Mesoamérica. Según un poema prehispánico, el genio de los artistas toltecas se debía a que "ponían su corazón en el trabajo".

Leyenda de Quetzalcóatl

"Escrito está en el libro de los augurios de los sacerdotes de la diosa Xochiquetzal, la historia de cuando los dioses, compadecidos de los trabajos que pasaba el pueblo tolteca, resolvieron que uno bajara a la Tierra para ayudarles, enseñándoles las ciencias y las artes. Decidieron que fuera Quetzalcóatl, que hacía tiempo se empeñaba en ayudar a los toltecas, quien tomara forma humana y descendiera sobre Tollan, la ciudad de los hombres buenos y trabajadores. Y así se hizo."

Quetzalcóatl descendió por un rayo de la estrella de la mañana, dejando asombrados a los toltecas con su aparición, particularmente por su indumentaria hecha toda de una materia luminosa, y por su blanca y rizada barba, luminosa también. Todo el pueblo comprendió que aquel aparecido no era un simple mortal y, desde luego, le rindió adoración, rompiendo sus feos y oscuros dioses de barro.

El pueblo le erigió una gran casa de cinco pisos escalonados, de 10 metros de altura, cuyo techo estaba sostenido por cuatro monumentales soportes de piedra con figura humana, adornando la fachada con bajorrelieves de grandes mariposas y de tigres que iban en procesión en busca del Dios, al que llamaron también "señor de la estrella de la tarde" para hacer saber que dominaba el Oriente y el Poniente y venía de la estrella que hoy llamamos Venus. Este templo estaba en una gran plaza, alrededor de la cual se extendió la ciudad de Tollan, hoy Tula, que fue una ciudad muy populosa en los siglos XI y XII de nuestra era.

Y en los días en que era ciudad rica dominaba, junto con Quetzalcóatl, el dios Tláloc, "el señor que está dentro de la tierra", el dueño de las lluvias, dador de la vida y dueño de las almas separadas de los cuerpos.

Reinaba también Xochiquetzal, "flor emplumada", la diosa de la alegría y el amor, esposa de Tláloc y descubridora del pulque.

Todos los dioses eran buenos, y dirigidos por Quetzalcóatl le enseñaron al pueblo tolteca el saber, hasta hacerlo sabio y artista, conocedor de la marcha de los astros, lo que les permitió medir el tiempo y señalar en el calendario el cambio de las estaciones para aprovechar las lluvias y levantar las cosechas.

Bien alimentados los toltecas, dueños del maíz, del frijol, de la yuca y de todos los cereales y frutos, pudieron emplear sus horas en estudiar y ser admirables arquitectos, magníficos escultores y **delicados** ceramistas.

El final de Tula

Hacia 1170 la ciudad y su centro ceremonial fueron **saqueados** y semidestruidos. Sin embargo, la influencia de los toltecas sobrevivió en varios sitios.

El ejemplo más notable de la influencia tolteca está en Chichén-Itzá, Yucatán, situada a más de 1000 km de Tula y cuya arquitectura y representaciones religiosas se parecen extraordinariamente a las de la capital tolteca.

a) Estatua monumental de un atlante.

b) El dios Tláloc.

ECONOMÍA

La agricultura era la ocupación básica y los principales cultivos fueron: maíz, frijol, chile, calabaza, algodón, cacao, yuca y frutas variadas.

CULTURA

En Tula, además de trabajar la obsidiana y la cerámica, realizaban **imponentes** esculturas recubiertas de concha nácar.

Elaboraban vestidos y **adornos** para los guerreros, como los cinturones con que sujetaban una especie de "delantal". Sandalias, escudos circulares adornados con plumas, y cascos; algunos señores usaban **bastones** adornados con plumas bellamente tejidas y entrelazadas.

ORGANIZACIÓN SOCIAL

La cultura tolteca es el producto de la **asimilación** de las culturas clásicas del centro de México por un grupo nahua. Se trata de una sociedad teocrática dividida en: gobernantes, sacerdotes, administradores, guerreros, comerciantes, artesanos y agricultores.

La clase gobernante estaba especializada en la dirección y organización de las sociedades, en el control de la producción, la distribución y el consumo; en la planeación de las ciudades y sus obras públicas; era poseedora del poder y del conocimiento científico y religioso. Era experta en el arte de la escritura, la arquitectura, la astronomía y las matemáticas.

Junto a esta **élite** dirigente existía completamente separado de la producción agrícola y artesanal un **aparato administrativo y burocrático** que abarcaba distintos niveles y actividades.

Productora de alimentos, de bienes de consumo y objetos santuarios, esta clase también constituía la fuerza de trabajo que edificaba y mantenía a las **innumerables** obras públicas, algunas de ellas de **gran magnitud**.

Cada cinco días se instalaba el mercado principal de la ciudad en alguna de las **plazas**, mientras que algunos grandes conjuntos **albergaban** las escuelas para los jóvenes nobles.

Vocabulario temático

Adornos: Lo que se pone para mejorar a personas o cosas, decorados.

Albergaban: Que hospedaban o alojaban a varias construcciones o personas.

Aparato administrativo y burocrático: Las personas que trabajan en el gobierno.

Apogeo: Punto máximo de una acción.

Artesanos admirables: Artesanos muy buenos.

Asentaron: Se instalaron, formaron una comunidad.

Asimilación: Comprensión, adquisición de algún concepto novedoso.

Bastones: Palo para ayudarse a caminar o símbolo de poder.

Casas contiguas: Casas que están juntas.

Cautivos: Presos o prisioneros de guerra.

Delicados: Que hacen su trabajo con mucho cuidado.

Élite: Parte superior de una estructura social.

Emparentadas: Que se unen con lazos matrimoniales.

Gran magnitud: De gran tamaño o importancia.

Imponentes: Grandes, de tamaño mayor al normal.

Influencia: Las obras o actos son imitados por otros.

Innumerables: Que son muchas, que no se pueden contar.

Invasores: Personas o ejércitos que llegan a un sitio, que no les pertenece, en donde hay un pueblo establecido.

Mezclaron: Acción de unirse al pueblo conquistado.

Obsidiana: Mineral negro, brillante y muy duro.

Planeación: Acto de calcular cómo y cuándo se deben ejecutar las cosas.

Plazas: Sitios de reunión públicos.

Saqueados: Destruidos, robados por la acción de una guerra.

Se distinguen: Sobresalen, distinto a lo común.

Sectas o hermandades: Asociaciones militares, religiosas, etcétera.

Los mayas

7

HISTORIA　**Periodo Clásico**

Esta civilización ocupó una **extensa región** que incluye en nuestro país los estados de Yucatán, Campeche, Quintana Roo, Tabasco y Chiapas, así como buena parte de Guatemala, Belize, Honduras y El Salvador.

En el apogeo del periodo Clásico, el corazón de la zona maya fue el triángulo que tiene como **vértices** a Palenque en Chiapas, Tikal en Guatemala y Copán en Honduras.

Ahí prosperó una población numerosa entre los siglos III y XV. En esa zona se desarrollaron muchas ciudades. Los mayas no constituían un Estado edificado, sino que se organizaban en varias ciudades-Estado, independientes entre sí que controlaban un territorio más o menos amplio. Tampoco hablaban una única lengua.

Eran ciudades-Estado gobernadas por una poderosa clase de guerreros y sacerdotes que **ejercían la autoridad** sobre el resto de la sociedad.

A finales del Clásico las ciudades mayas sufrieron una enorme catástrofe y fueron abandonadas. No se sabe qué sucedió, pero es posible que la destrucción de bosques, consecuencia del sistema agrícola, provocara un terrible **trastorno ecológico**, o bien, que la población hubiese crecido demasiado, o que hubieren **estallado** fuertes luchas internas. O tal vez todos esos fenómenos se combinaron.

Al sucumbir las ciudades del Sur, una nueva y brillante etapa de la cultura maya se desarrolló después en el norte de la península de Yucatán, sobre todo en las ciudades de Uxmal, Chichén-Itzá y Mayapán.

ECONOMÍA　La base de la economía era la agricultura. Quemaban el bosque para aprovechar las húmedas tierras de origen volcánico. Los principales cultivos fueron el maíz, el algodón y el cacao. Este último tuvo tanta importancia que llegó a ser utilizado como moneda.

CULTURA   **Arquitectura**

Las construcciones mayas se hicieron de madera y piedra básicamente. Entre las maderas se prefirieron la caoba y el zapote, por ser muy resistentes a los ataques de las **termitas**. Entre las piedras se usaron caliza, arenisca, mármol, etcétera.

Realizaron todo tipo de construcciones: palacios rectangulares y alargados, templos, observatorios, juegos de pelota, calzadas que unían las ciudades principales, fortificaciones y baños de vapor (temazcal).

Se conservan importantes pirámides escalonadas en piedra. En lo alto de éstas se colocaba el templo. Estaban **decoradas** con pinturas de una variada gama de colores, y relieves. Algunos de éstos son inscripciones de la **escritura jeroglífica** maya, aún no descifrada completamente.

Las construcciones más importantes de esa época fueron Copán, Quiriguá, Piedras Negras, Palenque y Tikal.

Escritura

Los mayas desarrollaron el sistema de escritura más completo de todos los pueblos indígenas americanos. Con él escribieron todo tipo de textos; de medicina, botánica, historia, matemáticas y astronomía.

Se conservan, además de las inscripciones, algunos códices:

- El *Códice Dresde*. Escrito en el siglo x u xi. Contiene un tratado de adivinación y de astronomía.
- El *Códice París*. Posiblemente del siglo x. Contiene profecías y adivinaciones.
- El *Códice Madrid*. Contiene horóscopos y almanaques.
- El *Códice Grolier*. Muy mal conservado. Contiene un calendario completo.

Calendario y astronomía

El movimiento de los **cuerpos celestes** y la medición del tiempo interesaban muchísimo a los mayas. A lo largo de **generaciones**, los astrónomos llevaron el registro de fenómenos como los eclipses del Sol y de Luna, las posiciones del planeta Venus y el paso de cometas. Con esa información, los mayas organizaron un calendario sorprendentemente **preciso**, que utilizaban no sólo para medir el tiempo, sino también para **predecir** las fechas que según su creencia serían propicias o desdichadas para los hombres.

Su año era de 365 días. El año solar tenía 18 meses con 20 días cada uno y otro más de sólo cinco días.

Para realizar sus **cálculos** los astrónomos mayas utilizaban **símbolos** numéricos que representaban las unidades del 1 al 4 y grupos de cinco unidades. Daban un valor a las cifras según su posición y utilizaban el cero, lo que permitía calcular magnitudes muy grandes.

El interés de los mayas en el tiempo se refleja en numerosas estelas labradas.

Estas grandes losas, que se colocaban verticalmente, conmemoraban fechas especiales y son una de las mejores **fuentes de información** utilizadas por los historiadores.

a) Chichén-Itzá.

c) Juego de pelota.

b) Uxmal.

d) Palenque.

Matemáticas

Utilizaban un sistema de numeración vigesimal posicional. También tenían un signo para representar el cero, y así poder realizar operaciones matemáticas complejas. El punto tiene un valor numérico de 1, y la raya, de 5.

Así podían contar hasta 19. Para hacer números mayores tenían que colocar esos signos en determinadas posiciones.

Creencias

Los mayas creían que antes de existir nuestro mundo habían existido otros, pero que éstos habían sido destruidos por diferentes **catástrofes**. El universo tenía tres partes: el cielo, la tierra y el inframundo.

El cielo tenía 13 Unidadas (la última de ellas en contacto con la tierra), y cada una era gobernada por uno de los dioses (Oaxalahuntikú).

- El dios (Itzamná), a quien se representaba con forma de reptil o iguana, regía el cielo en su conjunto.
- El inframundo estaba debajo de la tierra, dividido en nueve Unidadas. Cada una de estas Unidadas era gobernada por uno de los Señores de la Noche (Bolontikú).

Había, además, otros dioses que actuaban sobre las cosas cotidianas: el maíz, la miel, los mercados, etcétera.

ORGANIZACIÓN SOCIAL

Sociedad

La élite social la constituían los sacerdotes y los nobles, que **residían** en la ciudad y que era también el centro religioso.

Los campesinos vivían en las **zonas rurales** cercanas a la ciudad. La base de la economía era la agricultura y, con frecuencia, se **desbrozaban** trozos de selva para realizar nuevos cultivos.

Existía la esclavitud. Se supone que esos esclavos serían la mano de obra para la construcción de las pirámides colosales, en las que también ayudaron los campesinos.

Existieron diversos grupos de artesanos especializados.

Juego de pelota

El principal **espectáculo** de los mayas era un juego de pelota, parecido al futbol.

Según algunos investigadores, los jugadores eran los prisioneros de guerra y se **decapitaba** a los que perdían. Pero en realidad era más que un simple juego; era un ceremonial religioso que representaba el paso de los astros y el Sol (representado por la pelota), que es fuente de vida.

Vocabulario temático

Cálculos: Operaciones matemáticas.
Catástrofes: Males que afectan a muchos, originados por la naturaleza,
Cuerpos celestes: El Sol, la Luna, los planetas, estrellas y cometas.
Decapitaban: Les cortaban la cabeza.
Decoradas: Con adornos, adornadas.
Desbrozaban: Limpiaban un terreno, cortando árboles o quemándolo.
Ejercían la autoridad: Que eran los que mandaban.
Escritura jeroglífica: Escritura a base de figuras y símbolos.
Espectáculo: Representación que se hace para un grupo de personas.
Estallado: Comenzado, iniciado.
Extensa región: un área muy grande.
Fuentes de información: Origen, principio, inicio de algún conocimiento.
Generación: Lapso de tiempo en el que una familia vive y da origen a otra.
Preciso: Exacto, cierto, veraz.
Predecir: Adivinar o pronosticar lo que va a suceder.
Residían: Que vivían, tenían sus casas.
Símbolos: Dibujos que representan una acción determinada, un rango o clase.
Termitas: Insectos que viven y se alimentan de madera, destruyéndola.
Trastorno ecológico: Perturbación o alteración del equilibrio de la naturaleza.
Vértices: Los puntos extremos que limitan una superficie.
Zonas rurales: Espacio, campo donde viven los agricultores.

Los mixteco-zapotecas

8

HISTORIA, ECONOMÍA, CULTURA Y ORGANIZACIÓN SOCIAL

"Persona de las Nubes" (*Mixtecatl*) y "Gente de las Nubes" (*Tzapotecatl*) que desde épocas muy **remotas**, hace 3500 años, se establecieron en los valles centrales del actual estado de Oaxaca. Los mixtecos ocupaban el Norte, y los zapotecas, el Sur y el Este. Vivieron separados y dominaron a las tribus vecinas. Más tarde se unieron.

Historia

La historia de este pueblo no ha recibido la misma atención que la de los pueblos maya y mexica, suponiéndose, durante varios años, que los responsables de los más antiguos **vestigios** de la civilización en Oaxaca eran los "olmecas". Sin embargo, las **evidencias** indican que fue el pueblo zapoteca el que desarrolló, por primera vez, muchas de las características de la cultura mesoamericana: las primeras ciudades-Estado, el primer uso del sistema de numeración vigesimal y el calendario.

El corazón de este pueblo fue el centro ceremonial de Monte Albán, construido en la parte más alta de una serranía que domina los valles. Varias generaciones trabajaron para aplanar la cumbre, y para edificar y embellecer un conjunto de pirámides y plataformas que **circundan** una enorme explanada en la que se encuentra un extraordinario observatorio astronómico.

Leyenda mixteca

"Una numerosa tribu mixteca no tenía tierras y entonces uno de sus guerreros los condujo al país de Tilantongo, el cual tomaron por propio. Pero un sol de fuego lo **abrasaba** y pensó el guerrero que esos **parajes** le pertenecían al sol. Subió a la más alta montaña (Monte Albán), **retó** al sol a singular **combate** y disparó sobre él todo su **carcaj** de flechas. **El sol se**

hundió tras las colinas lejanas entre sangrientas nubes. Estaba **vencido**. Los mixtecos **proclamaron** rey al vencedor del sol con el nombre de 'Flechador del Cielo'."

Hacia el año 800 de nuestra era, tal como sucedió en otras ciudades del periodo Clásico, el **esplendor** de Monte Albán terminó **bruscamente**. La cultura zapoteca continuó en los valles de Oaxaca, y siglos después el pueblo mixteca se les unió.

Para defenderse del dominio de los aztecas, uno de sus reyes se casó con la hija de Ahuítzotl, emperador azteca. El hijo de este matrimonio político trasladó su capital a Tehuantepec y fue el último rey mixteco-zapoteca. Al tiempo de la Conquista española, se **sometieron** voluntariamente. Su población se estimaba en medio millón de personas.

Economía

Partiendo de sus orígenes como cazadores y **recolectores**, los zapotecas aprendieron a adaptarse a los **ambientes** variados de la región, fueron buenos agricultores y **domesticaron** varias especies **silvestres**.

Hacían bellas piezas de cerámica. Tallaban las piedras, especialmente el jade, al que atribuían virtudes mágicas y que usaban para joyas, mosaicos y **estelas**. Fueron incomparables **joyeros**, trabajaban el oro y la plata. En las excavaciones de las sepulturas, Alfonso Caso, notable arqueólogo, descubrió joyas que llamaron la atención del mundo entero, algunas de ellas se conservan en el Museo de Oaxaca.

Cultura

Aprendieron de los mayas la cultura científica: la geometría, la astronomía y la medicina. La cultura mixteco-zapoteca es intermedia entre la maya y la del Valle de Anáhuac.

Arquitectura

Los mixteco-zapotecas eran buenos arquitectos y organizaron grandes concentraciones urbanas. El templo-palacio de Mitla está formado por varios cuerpos parecidos a los monumentos mayas, con dibujos geométricos en relieve; es notable el Patio de las **Grecas**. Monte Albán, la Ciudad de los Sepulcros, cuenta con templos, ciudades, plazas y multitud de esculturas de diversos dioses. Era una ciudad fortaleza para momentos de peligro. Adornaban sus templos y palacios con pinturas y esculturas.

Escritura

Los zapotecas fueron, junto con los mayas, los únicos pueblos de la época que desarrollaron un sistema completo de escritura, en el que se combina la representación de ideas y la de sonidos. Elaboraron códices muy bellos, que narran la historia de sus grandes jefes. Esta escritura ha sido **descifrada** sólo parcialmente.

a) Mitla.

b) "El Flechador".

c) Grecas.

d) Panorámica de Monte Albán.

e) Juego de pelota.

f) Pintura mural.

g) Observatorio.

Calendario y astronomía

Sabemos que los zapotecas utilizaban el calendario por lo menos hace 2500 años. Utilizaron dos: el ritual de 260 días y el solar de 365 días. Funcionando juntos coinciden en sus fechas iniciales cada 52 años solares y cada 73 años rituales.

Creencias

Eran muy religiosos. Sus sacerdotes fueron poderosos. Los mixtecos adoraban a Yoztalpépetl, que quiere decir "Corazón del pueblo". El Dios de los zapotecas era Pitao y tenía **diversas** personalidades: Dios de las cosechas, Dios de la lluvia, Dios de la caza y la pesca.

Practicaban el culto a los animales; las tribus, los clanes y las personas tenían un animal protector. Todo niño que nacía era consagrado al animal al que estaba dedicado el día de su nacimiento en el calendario. Creían en la inmortalidad del alma y practicaban el culto a los muertos. Para venerar a sus antepasados construían pequeños templos sobre las **tumbas**, y en ellos depositaban alimentos y objetos queridos de la persona enterrada.

En el pensamiento zapoteco, el tiempo vive, fluye y circula, acarreando con él los eventos, que pueden repetirse, volviéndose el destino. Las deidades que rigen el tiempo se manifiestan por medio del viento, el cual trae consigo el clima, las temporadas y los cultivos, las plantas, los animales e, incluso, a la gente. El tiempo, por tanto, es materia viva, **palpable**, y está asociado inseparablemente con los destinos humanos. Su **aliento** es el que confiere la vida, el dinamismo y la energía.

Organización social

Los españoles documentaron lo que encontraron a su llegada. En estos relatos se describe una sociedad especializada y **estratificada**, con **castas** gobernantes, sacerdotales y el pueblo. No había matrimonio entre la clase noble gobernante y la de la gente común. Esta última eran agricultores y artesanos, y tributaban a la nobleza, la cual vivía en **suntuosos** centros ceremoniales y regía los asuntos de sus estados, cultivaba el conocimiento de los ciclos sagrados de la naturaleza y dirigía las guerras. Mientras que los agricultores y artesanos, aunque podían tener riqueza y prestigio, no podían aspirar al **rango** de gobernante, comer ciertas comidas, ni vestir el atavío de la nobleza.

Vocabulario temático

Abrasaba: Incendia, calor excesivo.
Aliento: Respiración, soplo.
Ambientes: Situaciones, realidades, escenarios.
Bruscamente: Repentinamente, violentamente, de repente.
Carcaj: Funda o caja donde se guardan las flechas.
Castas: Clases, variedades.
Circundan: Envuelven, rodean, encierran.
Combate: Pelea, batalla.

Descifradas: Que se conoce su significado.
Diversas: Distintas, otras.
Domesticaron: Amansaron, domaron.
El sol se hundió: Se ocultó, puesta de sol.
Esplendor: Punto máximo que alcanza una persona o sociedad.
Estelas: Piedras labradas con inscripciones.
Estratificada: Con distintas Unidadas separadas.
Evidencias: Realidades, certezas.
Grecas: Dibujos geométricos.
Joyeros: Los que trabajan o hacen joyas.
Palpable: Cierto, evidente, claro.
Parajes: Lugares, estados, posiciones.
Proclamaron: Declararon, anunciaron.
Rango: Importancia, jerarquía, nivel.
Recolectores: Agricultores, que juntan, que cosechan.
Remotas: Antiguas, viejas, arcaicas.
Retó: Lo desafió, lo provocó.
Silvestres: Sin proceso de cultivo.
Sometieron: Darse por vencidos.
Suntuosos: Fastuosos, lujosos, solemnes, regios.
Tumbas: Lugar donde se pone a los muertos, entierros.
Vencido: Dominado, sometido, que había perdido.
Vestigios: Rastros, huellas, lo que queda.

Los aztecas

9

HISTORIA   **La peregrinación de los mexicas**

Entre las tribus de guerreros seminómadas del Norte, los mexicas, también llamados tenochcas o aztecas, llegaron al Valle de México hacia el año 1300.

Según la leyenda, realizaron antes un largo recorrido desde Aztlán (en náhuatl, lugar de garzas o lugar de la blancura), que era una isla en un lago, como luego fue México-Tenochtitlan.

Cuando llegaron, el Valle de México ya estaba ocupado por otras tribus. Los mexicas eran pobres y tuvieron que conformarse con el lugar que les dejaron. Se **sometieron** al señorío de Culhuacán, que estaba gobernado por descendientes de los toltecas. Allí les dieron unas tierras donde abundaban las víboras (Tizapán) para que los mordieran y murieran, pero los mexicas se alegraron al verlas, y se las comieron asadas.

En 1325 completaron su peregrinación. Tal como, según decían, se los anunció el dios de su tribu, Huitzilopochtli, encontraron en el lago un **islote** donde un águila y una serpiente luchaban sobre un nopal. Allí fundaron su ciudad, México-Tenochtitlan.

La Triple Alianza

Los mexicas fundaron su ciudad, pero pasó mucho tiempo antes de que fueran **poderosos**. Al principio siguieron sometidos por otros señoríos. Para librarse del dominio de Azcapotzalco, se aliaron con Texcoco.

Tenochtitlan y Texcoco **derrotaron** a Azcapotzalco. Entonces, el **señorío** de Tacuba (Tlacopan) se les unió para formar la Triple Alianza, que se adueñó del Valle de México y después conquistó otras regiones, a las que les cobró tributo y a veces tomaron **prisioneros**, para sacrificarlos. Pronto dominó gran parte de Mesoamérica.

Dentro de la Triple Alianza, los mexicas se impusieron a las otras dos ciudades. Tlacopan y Texcoco quedaron como aliados de Tenochtitlan.

El gran señorío mexica

El iniciador del señorío mexica fue Moctezuma llhuicamina, que gobernó desde 1440 hasta 1469, ¡casi 30 años! Extendió su territorio y trajo a Tenochtitlan arquitectos de Chalco y **orfebres** de la Mixteca.

Sólidos edificios de piedra **sustituyeron** a las antiguas **chozas** de paja. Bajo el mando de los jefes que le siguieron, el señorío mexica continuó su expansión.

Los lagos y el clima hacían del Valle de México una región fértil, donde **prosperó** la agricultura. Abundaban la pesca y los animales para la cacería, como venados, conejos y **multitud** de aves.

Todo esto, más los tributos recibidos, permitió que México-Tenochtitlan creciera enormemente; llegó a tener tal vez unos 200 000 habitantes.

En náhuatl, los jefes y los nobles recibían el título de Tlatoani, "el que habla". El gobernante supremo era el Gran Tlatoani (Hueitlatoani), que tenía a sus órdenes capitanes, jueces, sacerdotes, comerciantes y recaudadores de tributos, casi todos de origen noble. No heredaba el trono, sino que era elegido de entre los miembros de la familia gobernante.

El último esplendor de Mesoamérica, aparecen los españoles

En 1502, Moctezuma Xocoyotzin fue nombrado Gran Tlatoani. En menos de dos siglos los mexicas habían pasado de la miseria al esplendor.

Moctezuma tenía una corte suntuosa, había sido un guerrero valiente y era el gran sacerdote de Huitzilopochtli. Los mexicas eran herederos de una antigua tradición cultural.

En el reinado de Moctezuma, el poderío de los aztecas llegó a su punto más alto y la autoridad del tlatoani se fortaleció. Justamente entonces, en abril de 1519, los mensajeros del gobernante le confirmaron unos rumores que habían escuchado: en la costa del Golfo de México, por el rumbo de Veracruz, habían aparecido unos hombres extraños, blancos y barbados, que viajaban en **canoas**, grandes como casas. Eran los españoles.

ECONOMÍA   La base de su economía era la agricultura, y los principales cultivos fueron maíz, frijol, chile, tabaco, maguey y frutas.

Los señoríos conquistados pagaban tributo a los mexicas y a veces contribuían con guerreros en las expediciones, pero conservaban sus propios gobernantes, sus costumbres y sus dioses. Muchos de esos señoríos temían y odiaban a los poderosos mexicas.

CULTURA   ### Las creencias

Según los aztecas, el mundo fue creado y destruido cuatro veces. Luego fue creado por los dioses por quinta vez. Ellos hicieron la tierra y la separaron del cielo. Después, el dios Quetzalcóatl creó a los hombres y las plantas que los alimentaban.

a) Tenochtitlan.

b) Diagrama del templo Mayor.

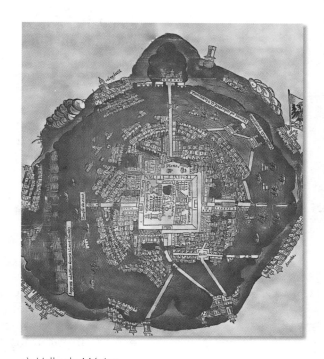

c) Valle de México.

d) Piedra del calendario azteca.

e) Huitzilopochtli.

f) Caballero Águila.

Tenían numerosos dioses:

- La diosa de la tierra (Coatlicue).
- El dios de la guerra (Huitzilopochtli).
- El dios de las flores, del amor, de la fertilidad (Xochipilli) y su esposa, la diosa Xochiquétzal.
- El dios de las lluvias (Tláloc).

La astronomía

Era una de las ciencias de más tradición para los aztecas. Tenían un calendario, agruparon las estrellas en constelaciones, conocían la existencia de los cometas, así como la frecuencia de los eclipses de Sol y de Luna.

El arte de la orfebrería

Gracias a sus conocimientos de física, los orfebres pudieron emplear varias técnicas en su trabajo, fundir oro con la plata, elaborar figuras, adornos, pulseras, collares, pendientes, etc. Frecuentemente combinaban el metal con piedras preciosas (turquesa, amatista, jade, cristal de roca) o con conchas.

Lengua y escritura

Los aztecas hablaban una lengua llamada náhuatl. La escritura mezclaba **ideogramas** y signos fonéticos. En sus escritos queda reflejada su propia historia.

Algunos códices se han conservado hasta nuestros días. De ellos, el conocido como *Códice Borbónico* es un libro calendario con dos partes, la primera, "de los destinos" (tonalámatl), y la segunda, "la fiesta de los meses" (Xiuhpohualli).

ORGANIZACIÓN SOCIAL

Entre los mexicas había una **minoría** de familias nobles dedicadas al gobierno, la religión y la guerra. La nobleza, que era hereditaria, poseía tierras y palacios.

El pueblo (los macehuales) eran campesinos que vivían divididos en barrios (calpulli).

Otros grupos con ciertos **privilegios** eran los artesanos (orfebres, alfareros, maestros del arte plumario y otros), los médicos, las parteras, los adivinos y los comerciantes. Estos últimos, en sus viajes a tierras lejanas, servían también como embajadores y espías.

La guerra fue una actividad muy importante, por el afán de conquista de los mexicas y por motivos religiosos. Los mexicas creían que los dioses se habían sacrificado por los hombres; que su sangre les había dado la vida, y que el Sol se alimentaba con la sangre de los corazones humanos.

Por eso **sacrificaban** a muchos prisioneros en sus templos. Algunos señoríos lograron resistir a los mexicas. Los más poderosos eran los tlaxcaltecas y los purépechas.

Los mexicas tuvieron especial interés en la educación. Niños y niñas eran cuidadosamente educados desde su nacimiento. En sus primeros años, al padre **le correspondía** educar al niño, y a la madre, a la niña. Concluida la educación familiar, los niños hijos de nobles y de sacerdotes iban al calmécac, y los demás iban al tepochcalli.

La enseñanza en el calmécac incluía los cantares divinos, la interpretación de los códices, los conocimientos de los calendarios, la historia y las tradiciones.

Allí se formaban los pintores de códices, los médicos y los constructores.

En los tepochcalli se aprendía sobre religión, las artes de la guerra y algunos oficios. En esos lugares la educación era más técnica y elemental.

Los maestros eran muy admirados.

Vocabulario temático

Canoas: Pequeñas embarcaciones.
Chozas: Casas pequeñas, pobres, muy rústicas.
Derrotaron: Que ganaron un evento o a un enemigo.
Ideogramas: Trazos, signos o símbolos para expresar una idea o suceso.
Islote: Isla pequeña.
Le correspondía: Le tocaba su turno o era de su propiedad.
Minoría: Los que son menos en comparación con grupos mayores.
Multitud: Gran número de personas, animales o cosas.
Orfebres: Artesanos que trabajan con materiales preciosos, oro, joyas, etcétera.
Poderosos: Fuertes, dominantes.
Prisioneros: Personas sometidas por el vencedor y que pierden su libertad.
Privilegios: Concesiones, indultos, ciertas ventajas.
Prosperó: Se hizo rico, con muchos recursos.
Sacrificaban: Ofrecían, les quitaban la vida.
Se sometieron: Aceptaron las órdenes.
Señorío: División política en la que gobierna una persona.
Sustituyeron: Cambiaron.

10 Bibliografía de los cursos culturales

Día de Muertos
Lope Blanch, Juan M., Vocabulario mexicano de la muerte.
<http/www.acabtu.com.mx/diademuertos/calaca.html>.

Día de Navidad
"Fiestas Navideñas", en *Guía México Desconocido*, núm. 30, Jilguero, noviembre 1996.

Los olmecas
Historia, quinto grado, SEP, México.
<http: //www.artehistoria.com/navegación.htm> y <//méxico.udg.mx/historia/
    precolombinas/olmecas>.

Teotihuacan
Historia, quinto grado, SEP, México. <http://clio.rediris.es/fichas/otras_teotihuacan.htm>.

Los toltecas
Historia, quinto grado, SEP, México.
<http://mex.geocities.com/nahvihekatl/toltecas.htm>.

Los mayas
Historia, quinto grado, SEP, México.
<http://clio.rediris.es/fichas/otras_mayas.htm>.

Los mixteco-zapotecas
Historia, quinto grado, SEP, México.
<www.laregion.com.mx/oaxaca/especiales/cultura>.

Los aztecas
Historia, cuarto grado, SEP, México.
<http://clio.rediris.es/fichas/otras_aztecas.htm>.

Herbolaria mexicana
Plantas medicinales, Virtudes insospechadas de plantas conocidas, Selecciones del
    Reader's Digest, Gráficas Monte Albán, México, noviembre de 1987.

11

Expresiones idiomáticas

VOCABULARIO TEMÁTICO

Las expresiones idiomáticas tienen un sentido muy peculiar, no pueden traducirse de forma literal pues su significado es arbitrario. Son expresiones determinadas por la realidad sociocultural y un complemento de la enseñanza del español como segunda lengua.

1. **Se me hace que:** Me parece que.
2. **No tener pelos en la lengua:** Hablar con franqueza.
3. **¡En mi vida!** Nunca.
4. **Cabeza dura:** Terco, necio.
5. **Aflojar la lana:** Entregar el dinero.
6. **Dormir a pierna suelta:** Dormir profundamente.
7. **Entregar el equipo:** Morir.
8. **Dar una mano:** Ayudar.
9. **Hasta el gorro:** Estar harto, fastidiado.
10. **La lengua de fuera:** Quedar muy agotado, cansadísimo.
11. **Los pelos de punta:** Asustarse mucho, aterrorizarse.
12. **Nudo en la garganta:** Querer llorar.
13. **Apantallar:** Impresionar, presumir.
14. **Echar los perros:** Coquetear, insinuarse.
15. **Fregar:** Molestar, insistir.
16. **Largarse:** Irse, para no molestar.
17. **Parar la oreja:** Poner atención para escuchar.
18. **Vacilar:** Bromear.
19. **Comerse con los ojos:** Mirar con gran enojo o con deseo.
20. **Echar en cara:** Reclamar.
21. **Estar como agua pa'chocolate:** Estar de muy mal humor.
22. **Hasta la madre:** Estar harto, cansado de algo.
23. **No tener madre:** Ser un desvergonzado y un cínico.
24. **Romper la cara:** Golpear.
25. **Abrir y cerrar de ojos:** Rápidamente.

26. **Rajarse:** Faltar a una promesa.
27. **Pan comido:** Hacer algo sin esfuerzo.
28. **"Güevón":** No gustar del trabajo, haraganear.
29. **Pata de perro:** Andar siempre fuera de la casa.
30. **Trabajar como burro:** Trabajar mucho, sin el descanso necesario.
31. **A todo dar:** ¡Excelente! ¡Perfecto!
32. **Ai muere:** Dar por terminado un asunto o problema.
33. **¡Claro!:** Por supuesto, naturalmente, sí.
34. **¿De veras?:** ¿Es verdad?, ¿es cierto?
35. **Estar a mano:** No deber nada.
36. **Llevar los pantalones:** Ejercer autoridad.
37. **Llevar al baile:** Perjudicar a otro.
38. **Andar bruja:** No tener dinero.
39. **Echarse un taco:** "Pasar a comer".
40. **Armar bronca:** Causar problemas.

ESPAÑOL SITUACIONAL

Para expresarse en lenguaje coloquial:

1. **Se me hace que** ya es muy tarde.
2. Juan **no tiene pelos en la lengua**.
3. **En mi vida** había venido a México.
4. ¡No seas **cabeza dura**!
5. ¡Ándale! ¡**Afloja la lana** y ya vámonos!
6. ¡Míralo! ¡Está **dormido a pierna suelta**!
7. El avión se cayó y todos **entregaron el equipo**.
8. ¿Me podrías **dar una mano**? Estoy muy atrasado en las cuentas.
9. Estoy **hasta el gorro** de tantos problemas.
10. Como no tiene buena condición física llegó con **la lengua de fuera**.
11. Cuando oí ruidos extraños, se me pusieron **los pelos de punta**.
12. Vi esa película con un **nudo en la garganta**.
13. No me quieras **apantallar** con tu coche.
    Mira a Elena, nos quiere **apantallar** con su collar de perlas.
14. Esa muchacha tan linda me está **echando los perros**.
15. ¡No me estés **fregando**!
16. El gerente le dijo a la cajera que se **largara**.
17. Elena siempre **para la oreja** para enterarse de lo que no le importa.
18. No estés **vacilando** a mis amigas.
19. No me dijo nada, pero me **comía con los ojos**.
20. No me estés **echando en cara** mis defectos.
21. El arquitecto está **como agua pa'chocolate** pues no terminó los planos.
22. Estoy **hasta la madre** de este trabajo.
23. Jorge **no tiene madre**, me debe dinero y no me lo paga.
24. Si no respetas a Raúl te va a **romper la cara**.
25. Elías resuelve los problemas en un **abrir y cerrar de ojos**.
26. Íbamos a ir a escalar y Juan **se rajó** en el último momento.
27. Para Javier arreglar el coche fue **pan comido**.
28. El nuevo jardinero es un **"güevón"**, no termina a tiempo.

29. Mi hijo es un **pata de perro**. Anda siempre con sus amigos.
30. Alberto **trabajó como burro** muchos años para comprarse una casa.
31. Mis primas son **a todo dar** conmigo.
32. Ya no quiero nada contigo, **ai muere**.
33. **¡Claro!** que quiero ir a México contigo.
34. ¿**De veras** no quieres que te acompañe al doctor?
35. Josefina y yo **estamos a mano**.
36. En mi casa mi mamá **lleva los pantalones**.
37. Si no te pones listo, tu socio te va a **llevar al baile**.
38. **Ando bruja** y todavía falta una semana para que cobre.
39. ¿No quieres **echarte un taco**? Gracias, acabo de comer.
40. De pronto se **armó la bronca**, hubo gritos y golpes.

La publicación de esta obra la realizó
Editorial Trillas, S. A. de C. V.

División Administrativa, Av. Río Churubusco 385,
Col. Gral. Pedro María Anaya, C. P. 03340, México, Ciudad de México
Tel. 56884233, FAX 56041364

División Logística, Calzada de la Viga 1132, C. P. 09439
México, Ciudad de México, Tel. 56330995, FAX 56330870

Esta obra se imprimió
el 19 de septiembre de 2016, en los talleres de
Diseños e Impresión AF, S. A. de C. V.

B 75 TW ◎